farsi un'**idea**

29.

I lettori che desiderano
informarsi sui libri e
sull'insieme delle attività della
Società editrice il Mulino
possono consultare
il sito Internet:
http://www.mulino.it

Marco Fortis

IL MADE IN ITALY

il Mulino

ISBN 88-15-06801-5

Finito di stampare nel novembre 1998
dalla litosei via bellini, 22/4, rastignano, bologna

Indice

Introduzione p. 7

1. Non solo moda: che cos'è il made in Italy 12

Capire il made in Italy. - Come leggere l'attivo commerciale con l'estero. - Le principali specializzazioni industriali e agricole. - I macrosettori: moda, arredo-casa, componenti e macchine industriali.

2. Le cifre, le curiosità e i primati 29

L'arte di esportare. - Un fattore di sostegno all'occupazione. - Un elemento generatore di valore aggiunto. - Un sistema di piccole e medie imprese. - Un tessuto di sistemi produttivi locali.

3. La geografia: le specializzazioni territoriali e i distretti 48

I principali sistemi produttivi provinciali specializzati. - Le principali province esportatrici di prodotti del made in Italy.

4. Punti di forza e di debolezza 61

Libera iniziativa, flessibilità, tradizioni locali: un modello di sviluppo spontaneo. - Il design, le tecnologie, l'innovazione, le leadership di nicchia. - Il fenomeno della delocalizzazione. - Le incognite del passaggio generazionale. - I limiti del sistema finanziario. - Il fardello della burocrazia. - Le carenze delle infrastrutture e dei servizi.

5. Casi distrettuali e casi aziendali di successo p. 86

I distretti piemontese e bresciano della rubinetteria-valvolame. - Il distretto della calzatura sportiva di Montebelluna. - Il distretto bolognese delle macchine per imballaggio. - Il distretto pugliese del mobile imbottito. - Quando stile e creatività non sono solo abbigliamento: il caso della Alessi.

Conclusioni 114

Appendice 118

Per saperne di più 125

Introduzione

Quando si parla del *made in Italy* è quasi inevitabile che l'opinione pubblica pensi subito e principalmente ai vestiti di Versace, Valentino e Armani, alle catene di negozi di abbigliamento casual di Benetton, alle borse di Gucci e Fendi, alle scarpe di Della Valle e Ferragamo: insomma la moda italiana. Oppure il pensiero corre alla Ferrari, considerata come una vera e propria bandiera del nostro paese. Ma il made in Italy è un fenomeno più complesso, che tocca diversi settori ed attività economiche del sistema Italia, spaziando dai più svariati beni industriali sino ai prodotti tipici dell'agricoltura ed anche al turismo.

Attenzione, però, a non esagerare in senso opposto, come spesso fanno giornali o televisione: ad esempio, quando con l'espressione made in Italy si intende enfatizzare qualche momento, positivo o negativo, del nostro sistema economico nel suo insieme o descrivere l'andamento dell'intera bilancia commerciale italiana. Visto che tale espressione è ormai patrimonio del gergo corrente, cerchiamo perlomeno di usarla in modo appropriato. È chiaro, infatti, che se in generale tutto ciò che viene prodotto in Italia può essere formalmente etichettato come made in Italy, abusare di questa definizione, che ormai è divenuta un *must* in tutto il mondo e non solo una mera etichetta d'origine, può determinare confusione. Quindi se il made in Italy non è certo solo la moda o la «rossa» di Maranello, per contro non può nemmeno essere tutta l'economia italiana. C'è differenza, in definitiva, tra made in Italy e *made in Hong*

Kong o *made in China*, etichette – queste ultime – che esprimono essenzialmente solo una provenienza geografica. Il made in Italy è una firma d'autore, un marchio distintivo che richiama immediatamente l'idea di qualcosa di unico e speciale, più o meno come quando pensiamo alla meccanica tedesca, all'elettronica giapponese o allo champagne francese.

Ma che cos'è dunque il made in Italy? Sono, a nostro avviso, i prodotti e i servizi in cui l'Italia vanta un effettivo grado di specializzazione e in cui il nostro paese è rinomato in tutto il mondo relativamente a profili quali la qualità, l'innovazione, il design, l'assistenza ai clienti, la tempestività delle consegne, i prezzi competitivi. Grosso modo, dunque, stiamo parlando del «sistema moda», ma anche dei prodotti tipici dell'alimentazione cosiddetta «mediterranea» e dei prodotti per la casa e l'arredo (inclusi quelli meccanici), tra cui mobili, lampade, casalinghi, elettrodomestici, rubinetteria-valvolame, caldaie, ecc. Anche in questi ambiti, come nella moda, il made in Italy è ormai diventato un simbolo di eccellenza a livello mondiale. Al punto che l'imitazione dolosa dei marchi italiani dell'abbigliamento non è un fenomeno isolato. Pochi sanno, ad esempio, che alcune imprese del Far East hanno rozzamente copiato anche le valvole in ottone di diverse aziende italiane e i loro marchi. Inoltre, made in Italy è certamente anche il turismo, che l'Italia attrae grazie alle bellezze paesaggistiche e ai tesori d'arte che possiede. Gli italiani, dunque, si sono realmente specializzati nelle produzioni legate al vestir bene, all'arredare bene, al mangiare bene; sono inoltre veri specialisti nel far passare ottime vacanze ai propri connazionali e agli stranieri.

È troppo poco saper fare questi mestieri se si è un paese avanzato? Poiché i punti di forza dell'economia italiana sono proprio i settori del made in Italy, che sono essenzialmente settori cosiddetti «tradizionali» (mentre, come è noto, siamo arretrati nella chimica, nell'elettronica e in generale nei settori ritenuti tecnologicamente avanzati), dobbiamo desumere da ciò che l'Italia è un paese con un'economia a rischio, con scarse capacità di innovazione e generazione di valore aggiunto (cioè di ricchezza)? È, questa, una tesi latente, di cui si sente periodicamente parlare, quasi ad onde cicliche, sin dagli anni '70. Inoltre, dato che i settori del made in Italy sono largamente basati su un sistema di piccole e medie imprese, un'altra tesi pessimistica è quella secondo cui una economia come quella italiana rischia di essere particolarmente penalizzata nell'epoca della globalizzazione, nella quale, si dice, i protagonisti saranno sempre più i grandi gruppi e le multinazionali.

Tutto ciò sarebbe vero se i settori «tradizionali» del made in Italy, dai tessuti alle calze femminili, dai mobili ai casalinghi, dalle piastrelle ceramiche alle caldaie per il riscaldamento, stessero perdendo in modo drammatico quote di mercato internazionale, generassero poca ricchezza, creassero disoccupazione. Ma non è così. Certamente è vero che nelle fasce a più basso valore aggiunto alcuni prodotti del made in Italy, specie nell'area moda, sono stati messi in difficoltà dalla concorrenza di paesi emergenti quali Cina, Hong Kong, Corea del Sud, Taiwan, e che in tali fasce di prodotti si è assistito a fenomeni di *delocalizzazione*, cioè allo spostamento di attività produttive dall'Italia verso aree con un più basso costo del lavoro (ad esempio l'Est europeo, l'Asia e, in misura minore, il Sud America). Ma il made in Italy più che indebolirsi negli ultimi anni si è globalmente rafforzato e ha conquistato nuove leadership, specie nell'arredo-casa e nei prodotti meccanici.

È indubbio che saremmo tutti più contenti se l'economia italiana, oltre a poter fare affidamento sui settori tradizionali del made in Italy, poggiasse anche su una solida industria chimica ed elettronica e se le *utilities* fossero più efficienti nell'ambito di mercati finalmente liberalizzati e non dominati dai monopoli pubblici nazionali. Tuttavia, se ciò sinora non è avvenuto non è certo colpa del made in Italy. Anzi, poiché il made in Italy rappresenta la vera risorsa del nostro paese, sarebbe finalmente l'ora di porlo al centro di una politica economica più consapevole, accompagnata da un disegno di effettiva valorizzazione del patrimonio paesaggistico, culturale, artistico ed artigianale italiano. In definitiva, anziché rammaricarci di essere come siamo – come fanno i pessimisti – dovremmo forse studiare meglio come potenziare il nostro sistema produttivo, che ha caratteristiche uniche rispetto agli altri maggiori paesi avanzati. Piuttosto che un elemento di debolezza l'inclinazione dell'Italia a mantenere il proprio baricentro nei settori tradizionali-innovativi del made in Italy può costituire dunque un fattore strategico, le cui potenzialità, a nostro avviso, dovrebbero essere ulteriormente dilatate nel futuro.

D'altronde, il tema del made in Italy e, all'interno di esso, quello dei distretti industriali, sono divenuti di grande attualità negli ultimi anni, facendosi strada con i fatti. Una delle tante prove viene da una stima che abbiamo compiuto sulla banca dati dell'autorevole quotidiano economico «Il Sole-24 Ore». Nel 1984 il numero di articoli di questo giornale contenenti le espressioni made in Italy e «distretti» furono, rispettivamente, 49 e 18. Dieci anni dopo, nel 1994, tali citazioni erano già salite a 344 e 191, per passare poi a 668 e 341 nel 1997! Tuttavia, nonostante lo sforzo di numerosi studiosi e dello stesso «Il Sole-24 Ore», a cui va dato merito di avere svolto negli ultimi anni numerose inchieste sull'argomento (riconoscimento che spetta anche all'inserto economico di «la Repubblica» «Affari e Finanza»), intorno alla definizione di made in Italy c'è ancora molta confusione. I tradizionali schemi di classificazione delle statistiche in uso non consentono di focalizzare bene il fenomeno e spesso prevale la tentazione di ricorrere ad artificiose approssimazioni per inquadrare il contributo dei diversi settori o distretti.

Scopo di questo volume è di aiutare a comprendere meglio i contorni e le cifre del made in Italy, i suoi punti di forza e, beninteso, anche quelli di debolezza. Base di partenza del nostro lavoro sarà, nell'ambito del primo capitolo, un tentativo di definizione il più possibile rigorosa del made in Italy e dei suoi settori. Il secondo capitolo sarà invece dedicato a illustrare le dimensioni del fenomeno made in Italy, con particolare riguardo alle attività manifatturiere, in termini di occupazione, di generazione del valore aggiunto, di commercio con l'estero, anche attraverso alcuni raffronti internazionali. Verrà inoltre esaminata nel terzo capitolo la distribuzione sul territorio italiano delle produzioni industriali del made in Italy, con una particolare attenzione al ruolo rivestito dai sistemi produttivi locali specializzati, tra cui spiccano alcuni distretti industriali maggiori, caratterizzati da una rilevante attività esportativa. Il capitolo quarto si occuperà quindi dei fattori di successo ma anche, in alcuni casi, o per alcuni aspetti, degli elementi di fragilità del made in Italy. Tra i primi vi sono certamente il dinamismo delle piccole e medie imprese, la coesione dei distretti, il design, l'innovazione, la capacità di applicare le nuove tecnologie, le leadership di nicchia conquistate dalle nostre imprese. Gli elementi di debolezza sono invece solo in minima parte endogeni al sistema del made in Italy: un fattore problematico, ad esempio, è l'incognita rappresentata dal passaggio generazionale in imprese che sono ancora prevalentemente basate sulla proprietà famigliare. Più in generale, come vedremo, i punti critici riguardano però soprattutto fattori esterni, come l'assenza di una adeguata politica industriale e le carenze del sistema finanziario e delle infrastrutture. Infine, il quinto capitolo è dedicato ad una serie di casi di aziende e distretti di successo.

Desidero ringraziare in modo particolare Alberto Quadrio Curzio, Giacomo Becattini e Giorgio Fuà per i loro preziosi suggerimenti e per il costante incoraggiamento che mi hanno dato ad analizzare un argomento così rilevante e complesso. Vorrei inoltre menzionare il contributo di Giorgina Bassetti e Alberto Nodari, che mi hanno aiutato nell'elaborazione dei dati e nella raccolta di materiali bibliografici rispetto ad alcuni paragrafi dei capitoli quarto e quinto.

1. *Non solo moda: che cos'è il made in Italy*

Capire il made in Italy

Il made in Italy è un fenomeno complesso e difficile da inquadrare nella sua globalità. Per molti made in Italy è semplicemente sinonimo di moda: un universo di produzioni manifatturiere, che spaziano dal tessile-abbigliamento alle pelli-calzature, dagli occhiali all'oreficeria, in cui il nostro paese ha saputo conquistare uno spazio importante a livello mondiale grazie alla creatività dei suoi stilisti. Che l'Italia sia diventata la nazione di riferimento a livello mondiale per queste produzioni (specie per i segmenti medio-alti del mercato) nessuno lo mette in dubbio. E sono sempre più numerosi i riconoscimenti provenienti dal mondo della politica, della cultura e dell'informazione per il grande contributo dato dal sistema moda alla bilancia commerciale italiana. Emblematici al riguardo sono due recenti episodi: il presidente Scalfaro ha ricevuto con tutti gli onori gli imprenditori della moda al Quirinale, mentre il sindaco di Milano Albertini, pur di promuovere l'immagine del tessile-abbigliamento made in Italy, non ha esitato a farsi fotografare provocatoriamente vestito con le sole mutande firmate da un noto stilista.

Tuttavia, l'idea che il sistema moda sia comunque una base troppo fragile per un moderno paese industrializzato cova sempre sotto la cenere. È sufficiente che cresca anche di poco la delocalizzazione di qualche produzione tessile o calzaturiera a debole valore aggiunto in paesi con un più basso costo del lavoro perché qualche Cassandra preveda subito l'imminente crollo del made in Italy. Ciò accade non solo perché in molti casi non si ha l'esatta percezione della forza del sistema moda italiano nelle produzioni di più alta qualità, ma anche perché si restringe in modo estremamente limitativo al solo sistema moda il concetto di made in Italy.

In realtà, le produzioni in cui l'Italia vanta rilevanti primati produttivi e commerciali a livello internazionale, cioè le specializzazioni che possono effettivamente fregiarsi dell'etichetta made in Italy (riferita qui all'idea di eccellenza e non alla mera origine del bene), non sono circoscritte al solo sistema moda. Infatti, dopo anni di crescita graduale ma ininterrotta di numerose aziende specializzate e distretti industriali, l'Italia è diventata ormai un paese guida anche per i prodotti dell'intero sistema arredo-casa, dai materiali pregiati da costruzione (come le piastrelle ceramiche e i marmi) al mobilio (cucine, divani in pelle, sedie, arredi per camere e salotti), dai rubinetti e dalle valvole ai casalinghi (pentole, posateria, piccoli elettrodomestici), dai grandi elettrodomestici alle lampade e all'illuminotecnica in genere. Il nostro paese eccelle inoltre in diversi beni legati al tempo libero come le biciclette o le scarpe sportive. Inoltre, l'Italia ha saputo conquistare spazi rilevanti in molte produzioni agricole e alimentari tipiche (come frutta, pomodoro, pasta, vini), grazie anche al crescente accento posto dalla comunità scientifica sui benefici della cosiddetta «dieta mediterranea».

Ma vi sono altri comuni denominatori tra tutte queste produzioni e la moda, oltre che lo stadio di eccellenza parimenti raggiunto in esse dal nostro paese? È pretenzioso accomunare sotto l'etichetta made in Italy scarpe e rubinetti, tessuti e divani, pasta e occhiali, lampade e collant? A nostro avviso, è evidente che al di là dei primati conseguiti nell'export mondiale vi sono altri fattori che accomunano la moda all'arredo-casa, le produzioni per il tempo libero con quelle tipiche dell'alimentazione mediterranea. Definire tutte queste produzioni nel loro insieme con l'espressione made in Italy ci sembra cioè una operazione niente affatto ardita, anzi necessaria e ispirata da una logica precisa. Non si parla infatti sempre della grande forza della meccanica tedesca o dell'elettronica giapponese? Eppure dentro la meccanica tedesca stanno insieme macchine utensili e televisioni, pile e turbine, così come nell'elettronica giapponese troviamo computer e fotocopiatrici, radio e lettori di compact disc. Sono prodotti che vengono accomunati sotto la denominazione di «meccanica» o «elettronica» solo convenzionalmente, perché esistono da tempo delle categorie statistiche standard, ma in realtà si tratta di beni che hanno ben poco in comune tra loro.

Tra la pasta e i rubinetti, tra i tessuti di seta e l'oreficeria, tra i divani in pelle e gli scarponi o gli occhiali da sole prodotti in Italia esistono invece dei denominatori comuni molto stretti. In primo luogo, l'arte, comune a tutte queste produzioni, nel lavorare certe materie prime: arte che si traduce o in primati mondiali detenuti dal nostro paese quanto a volumi trasformati di tali materie prime (come avviene per l'oro, la lana, la seta, le pelli, le ceramiche, il grano duro, i marmi, l'ottone, ecc.) o in livelli tecnici elevatissimi raggiunti dalle aziende italiane nell'impiego di certe materie prime a fini specifici (ad es. le plastiche negli scarponi da sci, i metalli e le leghe speciali nelle montature degli occhiali piuttosto che nelle corone e nei pignoni dei gruppi meccanici delle biciclette). Il made in Italy nasce dunque da una grandissima esperienza, pressoché unica al mondo, nel trasformare le materie prime, che spesso è vecchia di secoli. Un'altra caratteristica di queste produzioni tra loro apparentemente eterogenee è l'organizzazione stessa della produzione: quasi i due terzi dell'output e dell'export del made in Italy provengono infatti da aree distrettuali o comunque da province specializzate. Anche qui dietro il successo dei distretti vi è spesso una storia molto antica, che risale all'Italia dei Comuni.

D'altro canto, alcuni elementi tipici del sistema moda, come la ricerca esasperata del design, di nuove e innovative soluzioni nell'impiego dei materiali, dei colori, delle linee, sono comuni anche alle produzioni del sistema arredo-casa o per il tempo libero: basti pensare ai rubinetti, ormai anch'essi firmati, come i capi di abbigliamento, da stilisti affermati, o ai casalinghi e alle lampade di aziende come Alessi, Guzzini, Artemide concepiti come vere e proprie opere d'arte moderna, per non parlare delle calzature sportive, dagli scarponi da trekking a quelli da sci sino ai coloratissimi *rollerblades*. Parimenti in numerosi comparti del made in Italy l'altissimo livello qualitativo raggiunto da prodotti ritenuti maturi, ma in realtà suscettibili di continue innovazioni incrementali (a livello di materiali, forme, colori, dettagli tecnici), accomuna tra loro i cambi per biciclette di Campagnolo con gli zaini di Invicta, i tessuti di Loro Piana con le valvole di Giacomini, le pentole di Rondine con le moto di Aprilia, per ricordare solo alcuni nomi di aziende leader.

C'è poi da considerare l'indotto del made in Italy, in particolare quello delle macchine specializzate. La leadership conquistata dal nostro paese nel produrre beni dei sistemi moda-arredo-casa-tempo libero-alimentare ha consentito all'Italia di raggiungere anche livelli altissimi di specializzazione nelle macchine utilizzate in tali settori. Dunque all'arte di lavorare le materie prime si è aggiunta l'arte di costruire le migliori macchine del mondo per trasformare le materie prime stesse, nonché per il dosaggio, il confezionamento e l'imballaggio dei prodotti finiti.

Tutto questo è, a nostro avviso, il made in Italy: cioè la parte più vitale dell'economia italiana, imperniata sulle piccole e medie imprese e sui distretti industriali, capace di conquistare grandi posizioni di leadership sui mercati di tutto il mondo. Non solo moda, dunque, ma anche materiali e beni per la funzionalità e l'arredo della casa, articoli per il tempo libero, prodotti alimentari tipici e vini di riconosciuta notorietà internazionale, nonché macchine specializzate nate come indotto del made in Italy stesso.

Ma questa idea allargata di made in Italy, non ristretta alla sola moda, fatica a rivelarsi in cifre precise, aggiornate, coerenti, confrontabili a livello internazionale. Le statistiche oggi disponibili tengono ben separati i prodotti tessili dai mobili, mentre l'oreficeria e gli occhiali sono spesso nascosti in categorie residuali con arcaiche denominazioni del tipo «altri prodotti delle industrie manifatturiere varie», i rubinetti e il pentolame, le macchine per le calzature e quelle per lavorare il legno sono beni a loro volta dispersi nelle varie categorie statistiche del *mare magnum* della «meccanica».

Occorre dunque stanare statisticamente il made in Italy per comprendere appieno tutta la sua rilevanza nell'economia italiana e internazionale. E il lettore che voglia accostarsi a questo argomento deve prepararsi ad affrontare un autentico bagno di dati. Non ci si può accontentare delle statistiche disponibili, che nascondono il fenomeno, facilitando dunque il compito di quegli opinionisti un po' superficiali che liquidano l'argomento del made in Italy con giudizi frettolosi tipo «settori maturi», «settori tradizionali», «settori a debole capacità di innovazione», «settori a basso valore aggiunto», per non parlare di coloro che nel mondo del made in Italy vedono solo un «popolo di evasori» o di bellicosi imprenditori del Nord Est.

Occorre invece costruire pazientemente il *puzzle* del made in Italy disaggregando le statistiche ufficiali e ricomponendole sulla base di categorie diverse, che facciano riferimento ai concetti di specializzazione nella trasformazione delle materie prime e nelle tecnologie meccaniche collegate, di organizzazione in forma distrettuale o per aree provinciali specializzate della produzione, di valorizzazione dei prodotti ai massimi livelli qualitativi e di continua innovazione in termini di design, comfort, nuovi spazi di applicazione dei beni in cui tradizionalmente il nostro paese eccelle.

Cifre alla mano vedremo allora che il made in Italy non è un fenomeno precario, ma un insieme di settori vitali di rispettabile forza sulla scena della competizione globale. Ci accorgeremo che il «popolo degli evasori» del made in Italy ha creato una enorme ricchezza per il paese, ha diffuso occupazione e mentalità imprenditoriale sul territorio. Scopriremo che il made in Italy crea più valore aggiunto dei settori *high tech* dei maggiori paesi avanzati. Il modello di sviluppo spontaneo del made in Italy e dei distretti si è inoltre esteso in tutto il Nord e nel Centro, ed ora si sta affacciando anche nel Sud, dove è significativo notare che una istituzione come Imprenditorialità Giovanile, controllata dal ministero del Tesoro, ha finanziato con successo in circa un decennio 900 nuove imprese, 750 delle quali già sul mercato, con 12.000 addetti e 1.500 miliardi di fatturato, in settori tipici quali l'alimentare, il florovivaismo, il tessile-abbigliamento, il calzaturiero, nonché il turismo, altra grande risorsa del nostro paese e del Sud in particolare.

Capire il made in Italy non è solo un fatto di curiosità. Solo comprendendo l'eccezionale rilevanza assunta a livello occupazionale, produttivo e dell'export dal made in Italy nell'ambito dell'economia nazionale è possibile concertare politiche economiche realmente fruttuose per il paese. E, forse, costruire una significativa rappresentanza politica di quel «popolo dei distretti» che oggi non trova riferimento in alcun partito o istituzione pur essendo la spina dorsale della nostra economia.

Come leggere l'attivo commerciale con l'estero

Partiamo dunque con il lettore per un lungo viaggio nelle cifre. Cifre nuove o viste sotto una luce nuova, necessaria per illuminare un fenomeno rimasto troppo a lungo oscuro od offuscato come quello del made in Italy.

Per avvicinarci correttamente alla realtà del made in Italy, possiamo usare due criteri: uno di tipo qualitativo, l'altro quantitativo. L'approccio qualitativo, riprendendo quanto detto nel paragrafo precedente, si rifà a uno schema classificatorio da noi già proposto in alcuni precedenti lavori sin dagli inizi degli anni '80, e suggerisce di definire come made in Italy le categorie di prodotti appartenenti al sistema moda-tempo libero-arredo-casa-alimentazione mediterranea, più il turismo, che, pur garantendo al nostro paese un attivo con l'estero di quasi 23.000 miliardi di lire, non sarà tuttavia oggetto di trattazione in questo libro. Accanto a questi settori di attività economica va poi considerata anche la meccanica collegata alle stesse specializzazioni manifatturiere italiane: meccanica che, proprio grazie all'esistenza del made in Italy, ha potuto svilupparsi ed emanciparsi, come è il caso delle macchine tessili, delle macchine per la lavorazione del legno, delle pelli, dei marmi, delle ceramiche, ecc.

L'approccio quantitativo parte invece dalle statistiche relative al grado di specializzazione italiana in alcune produzioni. Un buon indice di specializzazione è costituito dal cosiddetto saldo commerciale «normalizzato» con l'estero dei diversi prodotti di un sistema economico. Il saldo commerciale «normalizzato» è dato, per ciascun prodotto, da: (export – import)/(export + import). Nel caso di un paese totalmente specializzato in un certo bene, cioè di un paese esportatore con importazioni pari a zero, tale saldo «normalizzato» assumerà un valore massimo pari a +1. Nel caso opposto, quello di un paese totalmente despecializzato, che presenta per un determinato bene solo importazioni e un export nullo, il valore minimo del saldo «normalizzato» sarà invece –1.

Premesso ciò, è possibile definire alcune «soglie» che delimitino i prodotti suscettibili di rientrare nella categoria dei beni in cui un dato paese è specializzato. Per l'Italia abbiamo arbitrariamente fissato due «soglie», che riteniamo obiettivamente ragionevoli, partendo dall'analisi dei dati di commercio estero del 1995 (scelto come anno base) relativi ai 236 gruppi merceologici in cui l'Istat suddivide convenzionalmente la bilancia commerciale italiana. La prima soglia è che un prodotto abbia fatto registrare nel 1995 esportazioni almeno superiori ai 400 miliardi di lire presentando nel contempo un saldo normalizzato superiore a 0,33 (il che significa, di fatto, capacità di generare esportazioni con un valore pari ad almeno due volte quello delle importazioni). La seconda soglia è che un prodotto abbia avuto nel 1995 esportazioni superiori ai 1.000 miliardi di lire, presentando nel contempo un saldo commerciale «normalizzato» superiore a 0,20 (cioè esportazioni di valore complessivo pari ad almeno 1,5 volte il valore delle importazioni).

Il ricorso ai 236 gruppi merceologici Istat del commercio con l'estero come base statistica di riferimento ci consente di effettuare una prima «scrematura», ancorché non precisa per l'elevata aggregazione di alcune voci, delle categorie di prodotti industriali e agricoli classificabili come appartenenti all'area del made in Italy, ivi inclusa la meccanica collegata. Nel seguito, tuttavia, cercheremo di mettere meglio a fuoco i principali prodotti specifici del made in Italy, soffermandoci anche sul peso delle esportazioni italiane nel commercio internazionale di tali prodotti.

Le principali specializzazioni industriali e agricole

Sulla base dei due criteri di definizione precedentemente illustrati vediamo ora di chiarire quali settori possono rientrare nella categoria del cosiddetto made in Italy. Il criterio qualitativo parte dalla mera constatazione della fama acquisita dall'Italia quale paese specializzato nella produzione di beni del sistema moda-tempo libero-arredo-casa-alimentazione mediterranea e della relativa meccanica collegata. In termini di tipologie merceologiche il sistema moda-tempo libero comprende: tutte le produzioni tessili (le più importanti sono le industrie laniera, cotoniera e della seta, nonché le maglierie e le calze), quelle dell'abbigliamento (vestiti, pantaloni, gonne, camicie) e dei relativi accessori (cravatte, scialli, foulard, ecc.), l'industria conciaria, la pelletteria (borse, valigeria, cinture, ecc.), le calzature, l'oreficeria-gioielleria, gli occhiali e le relative montature, nonché l'abbigliamento e le calzature sportive. Sono inoltre in qualche modo prevalentemente legati alle attività sportive e al tempo libero alcuni mezzi di trasporto come biciclette, motocicli e natanti. Il sistema arredo-casa abbraccia a sua volta diverse produzioni inerenti l'abbellimento, la funzionalità e l'arredo delle abitazioni: legno-mobilio, marmi e altre pietre ornamentali, ceramiche e porcellane, elettrodomestici, casalinghi in metallo e materie plastiche, caldaie e condizionatori, rubinetteria e valvolame, serrature, infissi, lampadari e illuminotecnica. Il sistema alimentazione mediterranea comprende: frutta e verdura, riso, pasta, prodotti da forno e dolciari, salumi e formaggi tipici, conserve di pomodoro, conserve e succhi di frutta, vini. Infine, la meccanica collegata al made in Italy include: macchine tessili, per la lavorazione delle pietre e delle ceramiche, macchine per l'industria alimentare e per quella della carta, macchine per la lavorazione del legno, dei metalli e delle materie plastiche, macchine agricole.

Il criterio quantitativo, basato sugli indici di specializzazione illustrati precedentemente, porta invece a classificare come settori specializzati del nostro paese quelli elencati, alla fine del testo, nella tabella 1 (relativa al 1996 e al 1997), che possiamo considerare come una prima rozza griglia per identificare i beni del made in Italy e della relativa meccanica specializzata. Purtroppo, la classificazione dei 236 principali gruppi merceologici Istat non consente di distinguere i prodotti meccanici che rientrano, secondo la nostra definizione, nell'area arredo-casa, dal resto della meccanica tradizionale. I dati della tabella 1 sono tuttavia di estremo interesse perché dimostrano che i due criteri di definizione da noi suggeriti di made in Italy, quello qualitativo e quello quantitativo, di fatto quasi si sovrappongono: praticamente tutti i prodotti concettualmente riferibili al made in Italy e alla meccanica tradizionale collegata rientrano tra i beni con almeno 400 miliardi di export nel 1995 (l'anno base di riferimento) e con un saldo commerciale «normalizzato» nello stesso anno superiore a 0,33, oppure tra i beni con almeno 1.000 miliardi di esportazioni nel 1995 e un saldo commerciale «normalizzato» superiore a 0,20. Tra le poche eccezioni di rilievo vi sono i formaggi tipici, che è impossibile distinguere al livello di disaggregazione dei 236 principali gruppi merceologici Istat (l'Italia presenta comunque un deficit complessivo per i formaggi), e l'olio di oliva, che pur essendo un prodotto tipico del nostro paese non compare tra le voci in surplus commerciale essendo in Italia il suo consumo tanto elevato da superare largamente la produzione. Inoltre, non sono inclusi nella tabella 1 i fiori e le piante vive, in quanto nell'anno base della ricerca, il 1995, il florovivaismo presentava un deficit con l'estero. È da rilevare, tuttavia, che nel 1996 e nel 1997 l'Italia è diventata esportatrice netta in questa categoria di prodotti (nel 1997 le esportazioni di fiori e piante hanno superato i 700 miliardi di lire, con un saldo con l'estero positivo per circa 100 miliardi), benché il saldo «normalizzato» non raggiunga ancora livelli paragonabili a quelli dei prodotti in cui il nostro paese è più vocato.

L'analisi della tabella 1 mette in evidenza un dato di enorme rilevanza: nel 1996 i prodotti in cui il nostro paese è più specializzato, cioè i prodotti di punta del made in Italy e della meccanica collegata (che d'ora in avanti denomineremo per brevità nel loro insieme made in Italy), hanno realizzato esportazioni per circa 222.160 miliardi di lire (pari al 57% dell'export totale italiano), generando un saldo commerciale positivo di ben 150.000 miliardi. Ciò evidenzia il formidabile contributo del made in Italy alla bilancia commerciale italiana. In altri termini, i prodotti del sistema moda-arredo-casa-tempo libero e alimentazione mediterranea, unitamente a quelli della meccanica tradizionale, appaiono in grado di pagare il proprio import di materie prime e quello degli altri settori dell'economia, l'intero deficit agro-alimentare ed energetico, il deficit degli stessi altri settori produttivi (chimica, elettronica, telecomunicazioni, ecc.), garantendo comunque alla fine un saldo positivo per il nostro commercio estero che nel 1996 è stato di 67.550 miliardi di lire.

Secondo prime stime, nel 1997 le esportazioni del made in Italy sarebbero ulteriormente salite a circa 232.480 miliardi di lire, con un saldo commerciale con l'estero positivo per 151.900 miliardi (1.750 miliardi in più rispetto al 1996), mentre nello stesso anno è peggiorato di circa 5.000 miliardi il deficit per energia, materie prime e prodotti agricoli e soprattutto di circa 13.000 miliardi il deficit degli altri settori manifatturieri dell'industria italiana, che è salito dai 22.300 miliardi circa del 1996 a 35.200 miliardi circa nel 1997.

Tornando ai dati definitivi relativi al 1996, analizzando i dati della tabella 1 possiamo notare che l'export delle principali produzioni specializzate del sistema moda è stato in tale anno di quasi 67.000 miliardi di lire, a fronte di poco più di 23.700 miliardi di importazioni, con un saldo commerciale positivo con l'estero di oltre 43.000 miliardi di lire. Ciò senza contare il contributo del settore occhiali (incluso nel gruppo merceologico n. 235 «altri prodotti delle industrie manifatturiere»), pari ad altri 2.090 miliardi circa.

Il saldo commerciale «normalizzato» dei principali prodotti specializzati del sistema moda nel loro complesso è stato nel 1996 pari a 0,48, grazie a un valore dell'export oltre 2,8 volte superiore a quello dell'import. Diversi singoli gruppi merceologici spiccano per saldi «normalizzati» particolarmente elevati e superiori a quello medio del sistema moda: ciò è indice di una loro elevata specializzazione. Il saldo «normalizzato» più alto è quello dei tessuti di lana, pari a 0,90 nel 1996: le esportazioni di questo settore hanno raggiunto in tale anno i 3.551 miliardi di lire a fronte di soli 193 miliardi di import. Ciò significa un export oltre 18 volte maggiore dell'import. Il saldo attivo con l'estero in valore assoluto dei tessuti di lana è stato di 3.358 miliardi. Un altro caso emblematico è quello delle calzature in pelle. Nel 1996 l'export è stato di 10.189 miliardi di lire, con un saldo attivo di ben 9.099 miliardi essendo l'import pari a 1.090 miliardi: il saldo «normalizzato» delle calzature in pelle è tra i più elevati, pari a 0,81. Altri settori con saldi commerciali «normalizzati» molto alti sono: i lavori in pelle e cuoio, tra cui borse, cinture, ecc., le maglie e calze di lana, le maglie e calze di seta, le maglie e calze di fibre artificiali e sintetiche, tra cui principalmente le calze femminili, gli oggetti cuciti di seta. Degni di nota per l'elevato valore assoluto dei loro saldi commerciali positivi, pur avendo saldi «normalizzati» meno appariscenti, sono inoltre: le pelli conciate, i tessuti di fibre artificiali e sintetiche, gli oggetti cuciti di cotone e lino.

È importante sottolineare anche il forte export del gruppo merceologico «argento, oro e platino», dovuto essenzialmente alla leadership italiana nel settore orafo. Le esportazioni di questo gruppo merceologico sono state nel 1996 pari a 7.717 miliardi di lire, con un saldo commerciale positivo con l'estero di 580 miliardi di lire. Si tratta, tuttavia, di un saldo al netto delle materie prime importate in quanto il gruppo merceologico «argento, oro e platino», diversamente dalla quasi totalità dei gruppi merceologici Istat, include oltre ai prodotti finiti anche l'oro, l'argento e il platino grezzi. Senza l'onere delle materie prime il saldo di questa voce risulterebbe in realtà estremamente elevato, di poco inferiore all'export, in quanto le importazioni italiane di prodotti finiti di oreficeria-gioielleria sono estremamente limitate.

Continuando ad analizzare la tabella 1, osserviamo che i principali prodotti non meccanici del sistema arredo-casa hanno generato nel 1996 un export complessivo di 21.418 miliardi di lire, di cui 9.749 miliardi di mobili in legno, 4.072 miliardi di marmi e altre pietre ornamentali, 6.160 miliardi di piastrelle ceramiche e altri lavori in ceramica e terracotta, 1.338 miliardi di porcellane e maioliche. Globalmente questi prodotti hanno dato luogo a un saldo commerciale di 18.501 miliardi di lire, con un saldo normalizzato molto alto, pari a 0,76, che sta ad indicare un export oltre 7 volte maggiore dell'import.

Diversi altri prodotti del sistema arredo-casa sono poi inclusi in alcuni gruppi merceologici Istat appartenenti all'area della meccanica, della gomma e della plastica. Il gruppo n. 179, «altre macchine ed apparecchi non elettrici», ad esempio, comprende caldaie, bruciatori, radiatori, ventilatori, frigoriferi, mentre il n. 180 comprende parti e componenti di tali prodotti. Il gruppo n. 183 «altri apparecchi per l'applicazione dell'elettricità» include numerosi elettrodomestici, mentre il gruppo n. 198 «altri prodotti delle industrie metalmeccaniche» comprende rubinetteria-valvolame, pentolame, posateria, serrature, ferramenta, infissi metallici. Infine, nel gruppo merceologico n. 235 «altri prodotti delle industrie manifatturiere varie» rientrano sia le lampade e l'illuminotecnica che diversi prodotti in materie plastiche tra cui casalinghi, mobili da giardino, ecc. L'export di tutti questi altri prodotti testé indicati per l'arredamento e la casa è stimabile in circa 15.000 miliardi di lire, per cui si può affermare che complessivamente l'export dei principali prodotti specializzati del sistema arredo-casa italiano, includendo anche i prodotti della meccanica, in gomma e materie plastiche, abbia raggiunto nel 1996-97 i 35.000 miliardi di lire circa.

Come nel caso dei mobili, delle pietre ornamentali e delle ceramiche, sono notevoli anche i saldi normalizzati dei prodotti meccanici per l'arredo-casa, generalmente superiori al valore di 0,50 e oltre. Ad esempio, secondo stime dell'Anima (Federazione delle associazioni nazionali dell'industria meccanica varia e affine) sia nel caso della rubinetteria-valvolame (export 1996 di 2.343 miliardi di lire limitatamente alla sola rubinetteria sanitaria e al valvolame per usi civili) sia nel caso delle serrature e ferramenta (export 1996 pari a 1.695 miliardi) l'export è oltre 5 volte maggiore dell'import; per quanto riguarda gli impianti e i componenti per impianti termici (esportazioni nel 1996 per 1.704 miliardi) l'export è circa 3,7 volte maggiore dell'import; l'export di posateria e pentolame (pari a 1.029 miliardi) è circa 5,7 maggiore dell'import; ecc.

Le macchine industriali costituiscono un'altra area di eccellenza del nostro paese e rappresentano in qualche modo una conseguenza delle specializzazioni del made in Italy. Infatti, oltre che nei prodotti meccanici che rientrano nell'arredo-casa, di cui abbiamo appena parlato, l'Italia presenta elevati indici di specializzazione anche in numerosi comparti di macchine industriali, specie quelle che hanno attinenza con i settori manifatturieri in cui l'Italia presenta importanti leadership. Grazie al *know how* consolidatosi lavorando con i clienti italiani, i produttori di macchine industriali del nostro paese hanno infatti cominciato, soprattutto a partire dagli anni '70, a guardare con sempre maggiore interesse fuori dai confini nazionali accrescendo enormemente la loro capacità di esportazione sui mercati mondiali. Gli italiani sono diventati così i migliori al mondo nelle macchine per la lavorazione delle ceramiche e dei marmi (incluse nel gruppo merceologico Istat n. 170 «altre macchine utensili», che presenta un elevato saldo commerciale «normalizzato»), nonché nelle macchine per la lavorazione delle pelli e del cuoio (incluse nel gruppo merceologico n. 179 «altre macchine ed apparecchi non elettrici»). Il nostro paese, inoltre, è oggi *co-leader* in molti altri tipi di macchine industriali, tra cui quelle per imballaggio e quelle per la lavorazione delle materie plastiche (anch'esse incluse nel gruppo merceologico n. 179), le macchine tessili (gruppo merceologico n. 174), le macchine per la lavorazione del legno (incluse nel gruppo merceologico n. 170), le macchine per le industrie alimentari (gruppo merceologico n. 177) e quelle per la lavorazione di carta e cartoni (gruppo merceologico n. 175).

Nell'ambito della meccanica tradizionale, presentano poi elevati saldi commerciali normalizzati pure le biciclette, i motocicli e i natanti, nonché le macchine agricole. Nel 1996 l'export di biciclette e loro parti ha toccato i 1.100 miliardi circa, mentre quello di motocicli è stato di oltre 2.100 miliardi di lire. Per quanto riguarda il gruppo merceologico n. 194 «natanti e loro parti», va osservato che le barche a vela, le imbarcazioni da diporto e i panfili rappresentano poco più di un quarto dell'export complessivo di questa voce, pari nel 1996 a 2.830 miliardi di lire, il resto essendo composto prevalentemente da navi da crociera, navi cisterne, pontoni, ecc. Va poi menzionato anche l'export di macchine ed apparecchi agricoli, che ha raggiunto nel 1996 i 2.187 miliardi di lire.

Infine, ricordiamo che tra i comparti più specializzati del nostro paese spiccano anche diverse produzioni agro-alimentari, tra cui vini, paste alimentari, conserve e succhi di frutta, prodotti dolciari e carni preparate: in tutti questi casi l'Italia presenta saldi commerciali «normalizzati» molto elevati, specie nei vini (che mostrano un valore dell'export superiore 13 volte a quello dell'import) e nella pasta (export 42 volte maggiore dell'import, essendo quest'ultimo pressoché inesistente).

I macrosettori: moda, arredo-casa, componenti e macchine industriali

Analizziamo ora più da vicino le cifre delle specializzazioni produttive portanti del made in Italy manifatturiero: il sistema moda-tempo libero, il sistema arredo-casa e la meccanica strumentale collegata alle principali specializzazioni del made in Italy stesso. Alcuni dati sintetici su questi settori manifatturieri italiani sono stati riportati nella tabella 2, alla fine del testo. Talvolta le cifre del commercio estero divergono lievemente da quelle delle aggregazioni Istat analizzate nel paragrafo precedente. Le statistiche della tabella 2 sono in generale più precise, perché provenienti da rielaborazioni effettuate dalle associazioni di categoria.

I dati della tabella 2 indicano per i principali settori industriali dei tre macrosistemi analizzati un fatturato complessivo nel 1996 di 263.000 miliardi circa, 135.000 miliardi di esportazioni e una occupazione globale di 1 milione e 741 mila addetti circa. Sono cifre impressionanti, tenuto conto che è stata fatta solo una selezione dei principali settori del made in Italy e che non è qui considerato il made in Italy agro-alimentare. Il fatturato globale dei maggiori macrosistemi manifatturieri del made in Italy risulta così ripartito:

a) sistema moda-tempo libero 134.500 miliardi di lire circa (pari al 51% del totale dei settori considerati), a cui si potrebbero aggiungere altri 5.500 miliardi di fatturato circa per le produzioni di biciclette e motocicli non conteggiati nella tabella 2;

b) sistema arredo-casa 87.300 miliardi circa (33% del totale);

c) apparecchi e macchine industriali specializzate 41.500 miliardi (16% del totale), a cui si potrebbero aggiungere altri 9.000 miliardi circa di trattrici e macchine agricole non conteggiati nella tabella 2.

La percentuale di fatturato destinata all'esportazione è altissima in quasi tutti i settori, generalmente superiore al 50%, con una media molto alta, pari al 68%, nel campo degli apparecchi e della meccanica strumentale. Le punte più alte si registrano per l'occhialeria (il 74% delle vendite avviene all'estero), l'abbigliamento in genere (62%), le macchine per confezionamento ed imballaggio (86%), le macchine per il legno (81%), le macchine grafiche (79%) e per le ceramiche (72%).

Nell'ambito del sistema moda vi sono rilevantissime specializzazioni spesso organizzate su basi distrettuali come per l'industria laniera, quella serica, quella delle maglie e calze, quella conciaria e calzaturiera. I settori dell'abbigliamento, della pelletteria, delle calzature, degli occhiali e dell'oreficeria vantano numerose grandi aziende specializzate sia nell'alta moda che nei beni di più largo consumo: Hdp (con Fila, Gft, Valentino), Armani, Versace, Ferré, Gucci, Ferragamo, Miroglio, Max Mara, Ittierre, Fendi, Benetton, Diesel, Della Valle, Stefanel, Luxottica, Safilo e moltissime altre.

Ma accanto al sistema moda negli ultimi due decenni è enormemente cresciuto nell'ambito del made in Italy anche il peso dei settori del sistema arredo-casa e delle macchine industriali specializzate. Nei settori del legno-mobilio, delle ceramiche, dei materiali lapidei, della rubinetteria-valvolame, del pentolame ma anche in quelli di macchine specifiche come quelle per la lavorazione delle materie plastiche, delle ceramiche, delle pelli, ecc. e le macchine per imballaggio, prevale ancora l'organizzazione della produzione su base distrettuale con la presenza di molte piccole e medie aziende. Tuttavia, non mancano anche in questi settori esempi di grandi gruppi come, ad esempio, Fantoni e Saviola (legno), Natuzzi, Scavolini e Snaidero (mobili e cucine), Iris e Marazzi (ceramiche), Giacomini (valvolame), Scm (macchine per il legno), Lonati e Vamatex (macchine tessili), Seragnoli (macchine per imballaggio). La dimensione della grande azienda è invece prevalente nel campo del riscaldamento (O.F. Riello, Ferroli) e degli elettrodomestici (Electrolux Zanussi, Whirlpool, Merloni, Gruppo Nocivelli, De Longhi).

2. *Le cifre, le curiosità e i primati*

In questo capitolo cercheremo di inquadrare meglio il fenomeno del made in Italy analizzando alcune statistiche relative a:

a) la posizione dell'Italia nel commercio estero mondiale dei prodotti manifatturieri del sistema moda-arredo-casa-alimentazione mediterranea e della meccanica collegata;

b) l'occupazione assicurata in Italia da tali settori;

c) la capacità del made in Italy e dei settori che lo compongono di generare un valore aggiunto significativo, comparabile con quello delle maggiori industrie di altri paesi avanzati.

Ci soffermeremo inoltre su due caratteristiche peculiari del made in Italy: il fatto che la grande maggioranza dei settori del sistema moda-arredo-casa-alimentazione mediterranea e della meccanica strumentale collegata è costituita da piccole e medie imprese e che molti settori e comparti di tale sistema sono organizzati in forma distrettuale.

L'arte di esportare

Dal 1993, dopo anni di rosso profondo, la bilancia commerciale italiana si è costantemente chiusa ogni anno con un saldo positivo: 33.223 miliardi di lire nel 1993, 35.664 miliardi nel 1994, 45.514 miliardi nel 1995 e 67.550 miliardi nel 1996. Le prime stime per il 1997 indicano una flessione, rispetto ai livelli record del surplus del 1996, a circa 51.300 miliardi, che rappresenta comunque una cifra ragguardevole. Questa diminuzione non deve peraltro preoccupare più di tanto: si spiega sia con il rafforzamento della lira sulle valute europee a seguito della nuova parità definita a fine 1996, sia con un maggior volume di importazioni di materie prime, semilavorati e beni di investimento nel quadro di un consolidamento della ripresa economica. Alla luce di questi elementi, anzi, gli oltre 51.000 miliardi di saldo commerciale positivo con l'estero del '97 vanno forse addirittura messi sullo stesso piano del saldo record del '96. Il made in Italy, come abbiamo visto nel capitolo precedente, ha comunque aumentato anche nel 1997 il suo saldo commerciale positivo con l'estero, sia pure di poco.

Che cos'è successo dunque alla nostra bilancia commerciale negli ultimi anni? Gli italiani sono diventati improvvisamente un popolo di esportatori, secondi nel mondo solo a Giappone e Germania per dimensioni del proprio surplus commerciale con l'estero? In che misura ciò è da ascriversi alla svalutazione della lira intervenuta tra la fine del 1992 e il 1996 o ad altri elementi?

Senza pretendere di esaurire qui l'analisi di questo argomento, riteniamo che diversi fattori sono intervenuti a modificare una situazione di deficit commerciale con l'estero che era stata una costante per l'Italia sin dagli anni '70. In primo luogo, vi è stato il ridimensionamento del problema della cosiddetta «bolletta energetica», che in seguito ai ripetuti rialzi del prezzo del petrolio negli anni '70 e '80 si era gonfiata enormemente. Per contro, dalla metà degli anni '80 il prezzo del greggio è rimasto, salvo qualche fiammata in occasione della crisi del Golfo e agli inizi del '97, generalmente al di sotto dei 20 dollari per barile. Un altro fattore da considerare è la progressiva «saturazione» del passivo agro-alimentare (in linea con quella dei consumi interni), mentre questo elemento aveva pesato anch'esso notevolmente per quasi vent'anni sul nostro saldo commerciale. La «bolletta energetica» e il deficit agro-alimentare rimangono, beninteso, due problemi strutturali del nostro paese, ma la loro incidenza negativa sul commercio estero italiano si è sensibilmente ridotta.

Bisogna poi assolutamente considerare l'impatto favorevole sulle nostre esportazioni della svalutazione della lira. L'Italia ha potuto beneficiare di due svalutazioni secche: la prima è avvenuta tra la fine del 1992 e il 1994: il cambio medio annuo con il marco tedesco, moneta guida in Europa, è passato dalle 748 lire del 1991 alle 994 lire del 1994. Il secondo grande tonfo della nostra moneta è avvenuto nel 1995, con il marco tedesco che è arrivato a toccare punte oltre le 1.200 lire: il cambio medio annuo ha raggiunto nel 1995 le 1.137 lire per marco, scendendo a 1.025 lire nel 1996, anche in seguito alla fine della libera fluttuazione della nostra moneta con la fissazione di una nuova parità europea di riferimento a 990 lire per marco. A questo punto il rientro della lira nel sistema monetario europeo ha completamente riassorbito, in pratica, la seconda ondata di svalutazione della nostra moneta, ma ha anche definitivamente sancito come un fatto compiuto la prima, consolidatasi tra la seconda metà del 1992 e il 1994. Gli esportatori italiani hanno dunque profittato al massimo, tra il 1993 sino alla prima metà del 1996, delle progressive ondate di svalutazione competitiva della nostra moneta, rafforzando le loro quote di mercato. La nuova parità della lira ha poi certamente tolto loro un po' di slancio a partire dalla fine del '96, senza però eliminare totalmente il margine di vantaggio da essi consolidato nel frattempo sui loro concorrenti europei: in un anno come il 1995, infatti, i produttori italiani hanno conquistato nuovi clienti e mercati che sono stati in gran parte mantenuti anche con il ritorno di una lira un po' più forte.

Ma vi è un altro fattore da considerare. E cioè che la svalutazione della lira è avvenuta in un momento già molto favorevole per le nostre imprese, specie nei settori dell'arredocasa e della meccanica. Elementi di forza reale (aggressività sui mercati, design di punta, capacità di servire e assistere al meglio i clienti, investimenti in tecnologie avanzate, sviluppo di prodotti innovativi) si erano venuti profilando chiaramente sin dalla seconda metà degli anni '80, con la conquista di posizioni di rilievo sui mercati internazionali già ben prima che la caduta libera della lira cominciasse. Infatti, se la concorrenza dei paesi in via di sviluppo aveva iniziato a erodere quote di mercato all'Italia in diverse produzioni tradizionali a basso valore aggiunto del sistema moda (specie nel tessile, nell'abbigliamento, nelle calzature, ecc.), il nostro paese aveva guadagnato nel frattempo posizioni in molte produzioni dell'arredo-casa, incluse quelle legate alla meccanica (quali rubinetteria-valvolame, caldareria, ecc.), nonché in diversi comparti della meccanica strumentale.

La riprova che il made in Italy ha rivestito un ruolo crescente nel commercio estero italiano negli ultimi 25-30 anni si può comprendere analizzando alcune statistiche storiche. L'aggregato sistema moda-arredo-casa-alimentazione mediterranea e la meccanica collegata (cioè le stesse voci merceologiche Istat della tabella 1 presentata nel primo capitolo) hanno nel loro insieme costantemente presentato un saldo commerciale con l'estero attivo nel secondo dopoguerra. Nel 1970 il saldo commerciale con l'estero del made in Italy era pari al 4% circa del Pil a prezzi correnti; tale rapporto è salito al 5,4% nel 1975, al 6% nel 1980, al 6,7% nel 1985, è diminuito leggermente al 5,4% nel 1990 (nella fase più acuta di «aggressione» dei paesi in via di sviluppo come concorrenti dell'Italia nell'area tessile-moda), per poi portarsi al 7,7% nel 1995 e al 7,9% nel 1996. Nello stesso tempo, per effetto dei rialzi dei prezzi delle materie prime e dell'energia, ma anche dell'acuirsi dei deficit di settori quali la chimica e l'elettronica, il saldo negativo con l'estero del resto dei settori dell'agricoltura e dell'industria saliva, in termini di incidenza sul valore del Pil italiano a prezzi correnti, dal –5,6% del 1970 al –7% del 1975 sino a toccare un massimo del –10,8% nel 1980 (durante la fase di maggiore appesantimento della «bolletta energetica»); in seguito tale rapporto scendeva al –9,5%

nel 1985, per poi calare in maniera più sensibile al –6,4% nel 1990, al –5,2% nel 1995 e al –4,3% nel 1996. Grazie al minor impatto del deficit energetico e agro-alimentare, ma soprattutto all'apporto positivo precedentemente citato del saldo commerciale complessivo del made in Italy, la bilancia commerciale italiana si portava finalmente nel 1993 dal rosso stabile al nero stabile, con l'Italia che rafforzava negli anni successivi una chiara posizione di paese esportatore netto tra le maggiori nazioni avanzate. In particolare, nel 1997, come si è già ricordato nel primo capitolo (vedi tabella 1), l'insieme dei prodotti del made in Italy ha conseguito un saldo commerciale con l'estero positivo per 152.000 miliardi di lire circa, a fronte di un deficit strutturale del paese per prodotti agricoli, della pesca, materie prime industriali ed energia valutabile in circa 65.000 miliardi, nonché di un deficit di circa 35.000 miliardi di lire imputabile agli altri settori manifatturieri nel loro complesso.

Sempre maggiore, dunque, appare il merito dei settori del sistema moda-arredo-casa-alimentazione mediterranea e della meccanica tradizionale italiana quali aggregati portanti del nostro commercio estero. Ciò è stato messo chiaramente in luce anche in nostre precedenti analisi, svolte negli anni scorsi, di carattere più strutturale. Nel 1992, ad esempio, cioè già prima della svalutazione della lira, solo i principali prodotti del sistema moda-arredo-casa-alimentazione mediterranea (inclusi quelli meccanici) erano in grado di generare circa 67 miliardi di dollari di esportazioni, a cui si aggiungevano altri 31 miliardi di dollari di meccanica strumentale. Se confrontiamo la posizione del nostro paese con quella delle altre maggiori economie Ocse, possiamo osservare che nell'export dei principali prodotti classificabili come sistema moda-arredo-casa-alimentazione mediterranea l'Italia precedeva nel 1992 la Germania (53 miliardi di dollari), gli Stati Uniti (34 miliardi di dollari) e la Francia (34 miliardi di dollari), mentre nell'export di meccanica strumentale tradizionale (escludendo cioè i prodotti elettrici, elettronici, per ufficio e telecomunicazioni), l'Italia era quarta con 31 miliardi di dollari dietro a Germania (70 miliardi di dollari) e Giappone (43 miliardi di dollari), ma quasi alla pari con gli Stati Uniti (33 miliardi di dollari).

In termini di maggiori voci di export a livello dei sei principali paesi Ocse, il sistema italiano moda-arredo-casa-alimentazione mediterranea nel 1992 figurava al settimo posto assoluto, dietro la meccanica elettrica ed elettronica di Giappone (112 miliardi di dollari) e Stati Uniti (97 miliardi di dollari), i mezzi di trasporto di Giappone (87 miliardi di dollari), Germania (86 miliardi di dollari) e Stati Uniti (76 miliardi di dollari) e la meccanica strumentale della Germania (70 miliardi di dollari). In termini di export *pro capite*, tuttavia, il sistema moda-arredo-casa-alimentazione mediterranea dell'Italia si collocava al primo posto (con 1.179 dollari per abitante), davanti ai mezzi di trasporto della Germania (1.075 dollari), alla meccanica elettrica ed elettronica del Giappone (903 dollari), alla meccanica strumentale tedesca (867 dollari), ai mezzi di trasporto di Francia (713 dollari) e Giappone (701 dollari) e alla meccanica elettrica ed elettronica della Germania (694 dollari). A ciò si aggiunge che per export *pro capite* la meccanica strumentale italiana si posizionava al 13° posto di questa particolare classifica.

L'Italia è dunque un paese forte esportatore, specializzato come nessuna altra nazione avanzata in beni cosiddetti «tradizionali» (siano essi del sistema moda-arredo-casa-alimentazione mediterranea o della meccanica strumentale): in realtà, come vedremo più oltre, il termine «tradizionale» sta molto stretto a beni che spesso hanno un elevato contenuto innovativo e che sono realizzati con le più avanzate tecnologie. In questa fascia di prodotti l'Italia si è vieppiù ritagliata il ruolo di paese guida a livello internazionale (con settori che, come abbiamo visto nel precedente capitolo, esportano sino al 70-80% e più della propria produzione) e la struttura del commercio estero del nostro paese rispecchia fedelmente questa inclinazione produttiva.

In effetti, appare chiaro da un accurato confronto internazionale che l'Italia è l'unico tra i maggiori paesi Ocse a possedere una struttura del proprio commercio estero prevalentemente orientata verso i prodotti del sistema moda-arredo-casa-alimentazione mediterranea. Nel 1992, ad esempio, questi prodotti rappresentavano complessivamente il 38% circa dell'export italiano contro quote corrispondenti del 15% per la Francia, del 12% per la Germania, del 9% per il Regno Unito, dell'8% per gli Stati Uniti e del 5% per il Giappone. A ciò è da aggiungere il rilievo che anche la meccanica strumentale ha nell'export del nostro paese, con una quota pari al 17% del totale, superiore ai corrispondenti valori riscontrabili per Germania (16%), Giappone (13%), Regno Unito e Francia (9%), Stati Uniti (7%). Questo dato relativo alla meccanica strumentale appare ancor più significativo se, dato il rilevante peso del made in Italy nel nostro commercio estero, consideriamo la quota percentuale che tale meccanica detiene nell'export dei vari paesi esclusi i settori classificabili come sistema moda-arredo-casa-alimentazione mediterranea: infatti, la meccanica strumentale rappresenta in Italia il 27% circa dell'export totale al netto dei settori tradizionali del made in Italy, mentre la quota corrispondente dell'export di meccanica strumentale degli altri paesi (anche in questo caso calcolata togliendo dall'export totale i settori del sistema moda-arredo-casa-alimentazione mediterranea) è significativamente più bassa: Germania (18%), Giappone (14%), Francia (11%), Regno Unito (10%), Stati Uniti (8%).

Altre analisi, come quella realizzata recentemente dall'Ufficio Studi Montedison in collaborazione con il Cranec dell'Università Cattolica di Milano, hanno evidenziato la posizione di leadership detenuta dall'Italia nel commercio internazionale di prodotti del sistema moda-arredo-casa-alimentazione mediterranea e della meccanica strumentale. La ricerca, partendo dalla banca dati Tradstat, ha individuato 36 principali categorie di prodotti del made in Italy (si veda la tabella 3, in fondo al testo) in cui il nostro paese detiene il miglior saldo commerciale a livello mondiale oppure si trova immediatamente a ridosso del primo o del secondo esportatore netto. In particolare, sono stati considerati 25 prodotti in cui l'Italia presenta il più alto attivo commerciale (filati di lana, tessuti di lana, tessuti di seta, calze, maglioni e pullover, occhiali, oreficeria-gioielleria, cravatte e scialli, pelli conciate, calzature, marmi e altre pietre ornamentali, piastrelle ceramiche, sedie e divani, mobili e cucine, lampade e illuminotecnica, rubinetteria e valvolame, infissi e ferramenta, stufe e fornelli da cucina, radiatori e caldaie per riscaldamento, frigoriferi e congelatori (domestici, commerciali e industriali), lavatrici, paste alimentari, macchine per la lavorazione di pelli e calzature, per la lavorazione dei marmi, macchine per le industrie alimentari) e altri 11 prodotti per i quali il nostro paese può essere considerato un *co-leader*, possedendo il secondo o terzo miglior saldo commerciale mondiale (articoli in pelle, vestiti maschili, vestiti femminili, vini, pentolame e posateria, pompe per liquidi, pompe per aria e ventilatori, macchine per confezionamento e imballaggio, macchine tessili, macchine per il legno, macchine per le materie plastiche). Nel complesso i settori italiani produttori di questi beni hanno generato nel 1996 un saldo positivo con l'estero di circa 65,3 miliardi di dollari, pari a poco più di 100.000 miliardi di lire, cioè oltre i 2/3 del saldo commerciale complessivo del *made in Italy* e della meccanica collegata realizzato nello stesso anno. Il campione, ovviamente, non è esaustivo dell'eccellenza italiana in campo manifatturiero. Basti pensare che non figurano nell'elenco, per esempio, le macchine per la lavorazione delle ceramiche, in quanto non esistono attualmente specifiche voci doganali in grado di identificare con precisione questi macchinari (il problema sarà risolto a partire dal 1999): sappiamo però dall'Associazione italiana di categoria che il nostro paese è di gran lunga il primo produttore ed esportatore mondiale anche per questo tipo di macchine. In altri casi il grado di disaggregazione della banca dati internazionale non è stato sufficiente per individuare specializzazioni minori o per circoscrivere in modo esatto l'entità degli interscambi persino nel caso dei prodotti maggiori; per questa ragione i dati presentati nella tabella 3 possono talora divergere lievemente da quelli commentati in altre parti di questo libro.

Il campione dei 36 maggiori prodotti in cui l'Italia è specializzata riportati nella tabella 3 costituisce comunque indubbiamente la «crema» del made in Italy. In molti casi la leadership italiana a livello di interscambio mondiale appare pressoché inattaccabile nel medio-lungo termine. Ad esempio, nei tessuti di lana il saldo commerciale italiano è quasi 10 volte superiore a quello del secondo paese esportatore netto. Per altri numerosi prodotti l'attivo commerciale del nostro paese è parimenti di gran lunga superiore a quello della maggiore nazione concorrente: oltre 7 volte nella pasta, nei divani e nelle sedie, circa 6 volte nel caso delle cravatte e dell'oreficeria-gioielleria, più di 5 volte nelle lavatrici, oltre 3,5 volte negli occhiali, nei filati di lana, nelle calze e nei mobili e cucine. Alcune leadership o *co-leadership* appaiono per contro sempre più minacciate dai paesi emergenti (Cina, Taiwan, Corea del Sud, ma anche Spagna e Portogallo), benché l'Italia abbia dato prova nei settori in questione di difendere efficacemente le produzioni a più alto valore aggiunto o a maggior contenuto di servizio con la possibilità di mantenere comunque una posizione di assoluto rilievo anche nel futuro. Ci riferiamo a: maglieria, vestiti, articoli in pelle e calzature, tessuti di seta, lampade e illuminotecnica, pentolame e posateria, piastrelle ceramiche, pietre ornamentali. Peraltro, negli ultimi anni hanno cominciato a essere in qualche modo insidiati anche primati italiani un tempo schiaccianti come quelli sopracitati nell'oreficeria e negli occhiali. In altri casi l'Italia costituisce invece una forza in costante crescita, se non addirittura il leader emergente: nella rubinetteria e nel valvolame, ad esempio, il nostro paese ha ormai conquistato il miglior saldo commerciale mondiale a discapito della Germania; nelle macchine per le industrie alimentari, in quelle per la lavorazione del legno e in quelle per il confezionamento e imballaggio è in atto un appassionante testa a testa con la Germania per il primato relativo al miglior attivo commerciale; nel meccano-tessile e nelle macchine per la lavorazione delle materie plastiche l'Italia detiene ormai saldamente il terzo miglior saldo a livello internazionale; indiscusse, poi, sono le leadership del nostro paese nel commercio mondiale di macchine per calzature, ceramiche, marmi, così come la seconda posizione nell'export di vini (dietro la Francia).

Un fattore di sostegno all'occupazione

Un altro formidabile contributo dato all'economia italiana dai settori tradizionali del made in Italy e dai diversi comparti meccanici da esso derivati o ad esso collegati è quello concernente l'occupazione. In base ai dati del Censimento 1991, la già citata ricerca Montedison-Cranec ha stimato in circa 3.717.000 addetti l'occupazione complessiva assicurata dal sistema moda-arredo-casa-alimentazione mediterranea e dalla meccanica strumentale, pari a circa il 71% dell'occupazione totale dell'industria manifatturiera italiana. Le imprese dei settori del made in Italy e della meccanica collegata nello stesso anno assommavano a circa 497.000 (pari al 90% del totale), contro le 53.700 imprese operanti negli altri settori manifatturieri dell'industria italiana.

Questi dati sono estremamente chiari: l'occupazione industriale in Italia è decisamente fondata sui settori del sistema moda-arredo-casa-alimentazione mediterranea e su quelli della meccanica cosiddetta «tradizionale». Le cifre settoriali, poi, impressionano, specie se le si confronta con i dati sull'occupazione assicurata dai maggiori gruppi industriali nazionali (che, tra l'altro, includono gli addetti degli impianti localizzati all'estero). Scopriamo così che l'industria italiana dell'oreficeria-gioielleria nel 1991 aveva un numero di addetti (47.100) superiore a quello del Gruppo Olivetti (46.500), che il macrosettore tessile-abbigliamento-pelli-calzature con oltre 1.070.000 occupati equivaleva da solo per numero di addetti agli 8 maggiori gruppi industriali pubblici e privati presi insieme (Iri, Fiat, Eni, Enel, Pirelli, Olivetti, Montedison, Fininvest), che il settore legno-mobilio aveva un numero di addetti ben superiore alla somma di Fiat ed Enel (406.800 contro 397.800), che una «cenerentola» come il settore dell'estrazione e della lavorazione dei materiali lapidei con circa 60.000 addetti quasi equivaleva in termini occupazionali a Montedison più Fininvest (65.300 addetti), e così via.

La rilevanza occupazionale dei settori della moda, dell'arredo-casa e della meccanica tradizionale in Italia appare chiaramente anche da alcuni confronti internazionali. Pur considerando solo un insieme ristretto di categorie del made in Italy per l'impossibilità di confrontare in termini più analitici le statistiche dei vari paesi, abbiamo effettuato per l'anno 1992 una interessante comparazione tra l'Italia e i principali paesi Ocse. In Italia la somma degli addetti dei soli settori tessile-abbigliamento-pelli-calzature, legno-mobilio e ceramiche (che chiameremo per brevità sistema moda-arredo-casa «ristretto») risultava in tale anno pari al 33% dell'occupazione complessiva manifatturiera, pur non tenendo conto di diversi altri settori importanti del made in Italy (oreficeria, occhiali, marmi, oltre ai prodotti meccanici dell'arredo-casa). Si tratta di una cifra di gran lunga più elevata di quella riscontrabile per il sistema moda-arredo-casa «ristretto» in altri paesi: Usa (17%), Regno Unito (15%), Germania (11%), Giappone (15%). Allo stesso modo, se depuriamo dal totale degli addetti manifatturieri dei vari paesi quelli appartenenti ai settori del sistema moda-arredo-casa «ristretto», allo scopo di non sbilanciare il dato italiano, la quota della meccanica tradizionale (prodotti in metallo e macchine ed apparecchi non elettrici) dell'Italia risulta essere la più elevata in ambito Ocse, pari al 29%, persino davanti a Germania (26%) e Svezia (25%), paesi a forte vocazione meccanica, che a loro volta precedono Regno Unito e Olanda (22%), Giappone (21%), Stati Uniti (20%) e Francia (19%). È interessante notare come questi dati, pur riferendosi ad aggregati statistici non completamente simili, siano del tutto in linea con quelli relativi alla struttura delle esportazioni. Infatti, i settori del sistema moda-arredo-casa e quelli della meccanica strumentale rivestono in Italia una importanza pressoché unica sia dal lato occupazionale che da quello del commercio estero.

Va osservato, infine, che in termini di grandi aggregati di industrie dei paesi Ocse il sistema moda-arredo-casa «ristretto» dell'Italia è quello che possiede la più alta intensità occupazionale, con 29,5 addetti diretti ogni 1.000 abitanti nel 1991 davanti ai prodotti in metallo, apparecchi e macchine non elettriche della Germania (25,7 addetti), l'elettronica, telecomunicazioni, elettrodomestici del Giappone (23,8). I prodotti in metallo, apparecchi e macchine non elettriche dell'Italia, inoltre, costituiscono il settimo grande aggregato di industrie di paesi Ocse per numero di addetti ogni 1.000 abitanti.

Un elemento generatore di valore aggiunto

Quando si tenta di sottolineare l'importanza strategica che il made in Italy ha nel nostro paese capita spesso di imbattersi nel seguente tipo di obiezione: «d'accordo, i settori tradizionali della moda o della meccanica occupano tanti addetti ed esportano molto, ma questo non basta. Anzi, significa ben poco se si considera il fatto che i prodotti del made in Italy sono prodotti poveri, come vestiti, piastrelle, rubinetti, scarpe, ecc.». In sintesi, i pessimisti e i critici del made in Italy ritengono che nei settori in cui l'Italia è più forte si generi purtroppo poco valore aggiunto e che quindi la specializzazione del nostro paese nelle produzioni di tipo tradizionale rischi di essere, alla resa dei conti, un grave fattore di fragilità.

Ma è poi così vero che i prodotti del made in Italy sono tanto poveri? A nostro avviso è semmai vero l'opposto. Basti pensare ai vestiti di Armani, ai gioielli di Bulgari, alle scarpe di Della Valle o Ferragamo, agli occhiali firmati prodotti da gruppi come Luxottica, Safilo, De Rigo, ecc., alle lampade di Artemide, ai casalinghi di Alessi, alle poltrone di Natuzzi, e così via. Inoltre, anche senza considerare i marchi più prestigiosi e capaci di esprimere un forte valore aggiunto, bisogna comunque tenere conto del fatto che il made in Italy è costituito da giganteschi volumi di produzione e che, quindi, anche quando il valore aggiunto unitario non è elevatissimo, quello totale diventa estremamente rilevante. L'utilizzo del termine «giganteschi» con riferimento ai volumi di produzione del made in Italy non è affatto forzato. Basti pensare, infatti, che la produzione annuale italiana di soli quattro beni in cui il made in Italy è leader mondiale – tessuti di lana, pelli conciate, piastrelle ceramiche e pietre ornamentali – espressa in termini di superficie assomma a qualcosa come 1.386 kmq, cioè la somma dell'estensione dei 23 maggiori laghi del nostro paese.

Anche nel caso del valore aggiunto qualche confronto internazionale può aiutare a capire meglio l'importanza che i settori tradizionali della moda, dell'arredamento e della meccanica rivestono nell'economia italiana. Tutti sanno, ad esempio, che l'industria tedesca dei mezzi di trasporto è un colosso mondiale, che Mercedes-Benz, Bmw, Volkswagen sono aziende all'avanguardia e che producono autovetture di gamma medio-alta. Ebbene, secondo l'Osservatorio Montedison-Università Cattolica sul made in Italy, che ha effettuato una serie di analisi comparate a partire dalla banca dati Stan dell'Ocse, nel 1992 il settore italiano del tessile-abbigliamento-pelli-calzature ha generato un valore aggiunto superiore a quello dell'industria automobilistica tedesca (35,5 miliardi di dollari a parità di potere d'acquisto contro 33,8). Nel 1993 l'industria italiana del legno-mobilio ha a sua volta prodotto un valore aggiunto più elevato di quello assicurato dall'intera industria svedese della meccanica e dei mezzi di trasporto o dalle industrie farmaceutiche tedesca e francese considerate assieme (12,5 miliardi di dollari a parità di potere d'acquisto contro 11,3 e 12,2, rispettivamente). Non solo. Il settore nazionale delle ceramiche e delle porcellane grosso modo equivale, in termini di valore aggiunto prodotto, a settori come quello farmaceutico o quello siderurgico francese (nel 1993 4,7 miliardi di dollari contro 4,9 e 4,8, rispettivamente). Riepilogando, la sommatoria dei valori aggiunti prodotti dai tre soli principali macrosettori del sistema moda-arredo-casa italiano (tessile-abbigliamento-pelli-calzature, legno-mobilio e ceramiche) è stata nel 1992 pari a 52,1 miliardi di dollari a parità di potere d'acquisto, superiore alla ricchezza prodotta dalle industrie farmaceutiche americana, tedesca e inglese prese insieme (51,9 miliardi di dollari) o al valore generato dall'intera industria aeronautica americana (52 miliardi di dollari).

È altresì da considerare il rilievo del valore aggiunto prodotto dalla nostra meccanica tradizionale, cioè dai settori «prodotti in metallo» e «macchine e apparecchi non elettrici» (quest'ultimo depurato dalle macchine per ufficio), stimato nel 1993 complessivamente in 37,9 miliardi di dollari a parità di potere d'acquisto (sono qui inclusi anche i prodotti meccanici dell'arredo-casa come rubinetti, valvole, caldaie, ferramenta). Si tratta di una cifra considerevole, che non solo è sensibilmente più alta di quella dei corrispondenti settori meccanici inglese e francese, ma che è anche superiore a quella di industrie europee di notoria rilevanza: la nostra meccanica tradizionale, infatti, produce più valore aggiunto sia delle industrie alimentari, delle bevande e del tabacco di Regno Unito e Olanda assieme (36,6 miliardi di dollari) sia della somma delle industrie alimentari, delle bevande, del tabacco, della gomma e del vetro della Francia (37,6 miliardi di dollari).

Se poi consideriamo il valore aggiunto globale dei settori del made in Italy sopracitati (tessile-abbigliamento, pelli-calzature, legno-mobilio, ceramiche, prodotti in metallo e macchine e apparecchi agricoli e industriali), esso è stato nel 1992 pari a ben 91,9 miliardi di dollari, cifra che non è raggiunta nemmeno dalla somma delle industrie statunitensi delle macchine per ufficio, farmaceutica, delle bevande (alcoliche e non) e della raffinazione petrolifera.

Una comparazione tra i maggiori aggregati di industrie dei paesi Ocse effettuata per l'anno 1991 mette inoltre in evidenza che il sistema moda-arredo-casa «ristretto» italiano figura al quarto posto assoluto per valore aggiunto *pro capite* generato subito dopo l'elettronica, telecomunicazioni, elettrodomestici del Giappone e ai prodotti in metallo, apparecchi e macchine non elettriche di Germania e Giappone. I prodotti in metallo e macchine e apparecchi non elettrici dell'Italia figurano a loro volta decimi in termini di valore aggiunto *pro capite*, preceduti da «chimica, farmaceutica, gomma e plastica» di Germania, Usa, Francia e Giappone e dall'«elettronica, telecomunicazioni ed elettrodomestici» della Germania. Il made in Italy, dunque, non è un insieme di prodotti a scarsa generazione di valore aggiunto; è vero, anzi, il contrario, come appare chiaramente da questi semplici confronti internazionali.

Un sistema di piccole e medie imprese

È risaputo che il sistema industriale italiano è costituito da un grande numero di piccole e medie aziende, non riscontrabile in eguale misura nelle altre maggiori economie avanzate. Ciò è dovuto proprio al fatto che l'Italia è un paese specializzato nelle produzioni del sistema moda-arredo-casa-alimentazione mediterranea e della meccanica strumentale, ambiti in cui prevale il modello di sviluppo della piccola e media impresa.

Come è noto, in base alla classificazione stabilita a livello comunitario, per piccole e medie imprese si intendono le unità produttive fino a 250 addetti e con un fatturato non superiore ai 40 milioni di Ecu. Nella pratica, per la mancanza di informazioni statistiche riferite a quest'ultima grandezza, quasi tutte le ricerche economiche utilizzano poi come parametro di riferimento prevalentemente quello del numero di addetti. Anche in questo caso, tuttavia, non vi è una generale uniformità nella definizione delle varie categorie di «piccola» e «media» impresa.

In questo capitolo noi utilizzeremo alcuni parametri di classificazione che ci consentano di valorizzare al meglio le informazioni dell'ultimo Censimento, quello del 1991, e cioè definiremo piccole imprese quelle che hanno da 1 a 49 addetti e medie imprese quelle che hanno da 50 a 199 addetti. Considereremo poi microimprese quelle con meno di 10 addetti.

Premesso ciò, è interessante sottolineare alcuni risultati dell'Osservatorio Montedison-Università Cattolica sul made in Italy relativamente alla tipologia di aziende operanti nel nostro paese nei settori del sistema moda-arredo-casa-alimentazione mediterranea e della meccanica strumentale. Secondo tale ricerca, in base ai dati del 1991 emerge che il 31% circa dell'occupazione del made in Italy è concentrata in imprese con meno di 10 addetti (microimprese), mentre negli altri settori manifatturieri solo il 9% degli addetti è occupato presso microimprese. Le piccole imprese (da 10 a 49 addetti) assorbono a loro volta il 35% circa dell'occupazione del made in Italy contro il 17% circa degli altri settori manifatturieri, mentre presso le medie imprese (da 50 a 199 addetti) lavora il 18% degli occupati del made in Italy contro il 15% delle altre industrie italiane. Riassumendo, in Italia è concentrato presso piccole e medie imprese l'84% degli addetti complessivi dei settori tipici del made in Italy (3.125.000 dipendenti su 3.720.000), mentre risulta occupato in piccole e medie aziende solo il 40,9% degli addetti delle altre industrie manifatturiere (617.000 dipendenti su un totale di 1.528.000).

Più in dettaglio, dalla ricerca Cranec-Montedison emerge chiaramente che solo un numero limitato di settori del made in Italy presenta significative quote di occupazione in imprese con più di 200 addetti. Ciò avviene, ad esempio, nel caso di alcuni comparti dell'alimentare (industria dolciaria, pastaria, dei prodotti da forno, dei prodotti lattiero-caseari, ecc.), caratterizzati dalla presenza di alcune grandi imprese leader come Barilla, Ferrero, Parmalat. Stesso discorso vale per pochi altri settori, come quello del vetro, quello delle caldaie e dei bruciatori (dove operano Riello, Ferroli, ecc.), quello degli elettrodomestici (con grandi imprese come Electrolux-Zanussi, Merloni, Whirlpool, Gruppo Nocivelli, ecc.). Al di là di questi e altri limitati casi, tuttavia, la grande maggioranza dei settori del made in Italy è caratterizzata da livelli occupazionali concentrati fino al 70-80% in imprese con meno di 200 addetti.

Dunque il made in Italy è tipicamente costituito da piccole e medie imprese. Non solo. Come vedremo nel prossimo paragrafo, esso è in gran parte organizzato sotto forma di distretti industriali o sistemi produttivi di piccole e medie imprese fortemente concentrate sul territorio, con una netta presenza di questo modello di sviluppo soprattutto nelle aree provinciali del Nord e del Centro Italia.

Un tessuto di sistemi produttivi locali

In un convegno tenutosi nel 1998 l'ex presidente del Consiglio Romano Prodi ha definito il fenomeno dei distretti industriali come l'unica innovazione socioeconomica che il nostro paese abbia sviluppato e portato all'attenzione del mondo intero nel secondo dopoguerra. In effetti, il boom dei distretti industriali italiani è ormai oggetto di ammirazione e di interesse un po' ovunque da parte di politici e statisti (tra cui lo stesso Presidente americano Clinton), studiosi e mass media e ha costituito argomento di discussione persino nell'ambito di recenti riunioni del G7.

Ma che cos'è un distretto industriale e quali sono le sue caratteristiche? Sarebbe troppo lungo approfondire qui la letteratura e le numerose tematiche dei distretti. Basti ricordare che il concetto di distretto industriale è stato introdotto da Alfred Marshall nei suoi *Principles of Economics* nel 1890 e che il tema dei distretti negli ultimi decenni ha attratto sempre più l'attenzione degli economisti italiani. Sostanzialmente con il termine distretto ci si riferisce a una particolare specializzazione produttiva (e al relativo indotto) concentrata in un'area geografica ristretta, caratterizzata da una spiccata identità storico-culturale e da importanti legami sociali. Il padre degli studi sui distretti in Italia è Giacomo Becattini, che negli ultimi quarant'anni ha pubblicato un'infinità di lavori sull'argomento, ivi inclusa una monumentale storia di Prato. Ma anche Romano Prodi, già negli anni '60, fu tra i primi a studiare un importante caso distrettuale, quello delle piastrelle ceramiche di Sassuolo, divenuto poi famosissimo. Altri studiosi che si sono occupati estesamente di questa materia sono Sebastiano Brusco, Giuliano Conti, Gioacchino Garofoli, Luca Meldolesi, Enzo Rullani, Fabio Sforzi, Gianfranco Viesti e l'autore di questo volume.

Al di là di qualunque rigido schema di classificazione dei distretti, ciò che importa qui maggiormente sottolineare è che in Italia il fenomeno delle specializzazioni produttive fortemente concentrate sul territorio, specie in province lontane dai grandi centri urbani e dai poli industriali storici, ha assunto dimensioni uniche al mondo. Secondo alcune recenti ricerche, come quella del 3° Rapporto Cnel/Ceris-Cnr, solo i principali distretti industriali in Italia sarebbero 84, con un'occupazione complessiva stimata in circa 708.000 addetti. Sulla base di un particolare algoritmo Sforzi e l'Istat arrivano ad individuare 199 distretti industriali in Italia, con una occupazione totale di 2.200.000 addetti. L'Osservatorio Montedison-Cranec, seguendo un approccio più empirico e meno rigoroso da un punto di vista formale di quello di Sforzi e dell'Istat, ha classificato 195 maggiori sistemi produttivi provinciali specializzati in settori tipici del made in Italy: in questo numero sono compresi non solo i maggiori distretti canonici, ma anche aree provinciali specializzate caratterizzate dalla presenza di una o poche imprese leader in una determinata produzione e dal relativo indotto. L'occupazione complessiva di questi 195 principali sistemi produttivi provinciali specializzati è stimata, sulla base dei dati del Censimento 1991, in 2.144.800 addetti, pari al 58% dell'occupazione del made in Italy e della meccanica collegata e al 41% dell'occupazione manifatturiera complessiva: una cifra peraltro non molto dissimile da quella di Sforzi e dell'Istat. Quindi appare chiaro che, a prescindere dai diversi approcci metodologici delle varie analisi, più dei 2/5 degli addetti dell'industria italiana risulta concentrato in aree provinciali specializzate o distretti: una cifra invero impressionante, che non trova riscontro nella realtà di nessun altro paese avanzato.

Ma c'è un altro elemento da considerare. La tenuta occupazionale nei distretti e nei sistemi territoriali specializzati appare maggiore che nel resto dell'industria italiana. Tra il 1981 e il 1991, ad esempio, l'occupazione manifatturiera in Italia è diminuita del 10,4%, passando da 5,8 a 5,2 milioni di addetti. In realtà, questo dato deriva dalla combinazione di due fattori: gli addetti dei sistemi territoriali del made in Italy stimati da Montedison-Cranec sono calati solo del 7%, mentre quelli del resto dell'industria manifatturiera italiana hanno accusato una flessione molto superiore, pari al 12,5%.

Infine, è da sottolineare che presentano caratteristiche di forte organizzazione per distretti numerosi tra i settori più dinamici del made in Italy e della meccanica strumentale. Il modello del distretto appare dunque vincente e costituisce un importante patrimonio per il nostro paese, da preservare e sviluppare.

3. *La geografia: le specializzazioni territoriali e i distretti*

È interessante analizzare la geografia del made in Italy perché essa in larga misura coincide con la geografia del benessere del nostro paese. Infatti, come messo in evidenza da alcuni nostri precedenti studi, nelle aree provinciali in cui sono intensamente presenti attività manifatturiere o agricole tipiche del made in Italy o, per altro verso, attività legate al turismo, il reddito *pro capite* si colloca generalmente ai livelli più elevati.

Un altro elemento importante da considerare è la concentrazione delle attività manifatturiere e dei distretti del made in Italy essenzialmente nel Nord e Centro Italia, mentre nel Sud, a parte qualche pur significativa eccezione e lo sviluppo di piccoli pre-distretti come quelli studiati da Luca Meldolesi, il modello di sviluppo del made in Italy in generale non ha molto attecchito. Colpa di una politica industriale per tanti anni assolutamente dirigista, che ha privilegiato nel Sud grandi investimenti quasi sempre sbagliati (nella chimica, nella raffinazione petrolifera, nella siderurgia): fragili progetti di grandi dimensioni, «cattedrali» nel deserto che non hanno creato posti di lavoro stabili. Non si è avuta così la diffusione sul territorio di una sana imprenditorialità basata su piccole e medie imprese dinamiche e abituate a lavorare sui mercati internazionali come nel resto del paese. Negli ultimi anni, tuttavia, qualche segnale positivo di proliferazione anche al Sud del modello del made in Italy e dei distretti si è verificato: si sono consolidate importanti attività nel mobilio, nel tessile-abbigliamento e nelle pelli-calzature soprattutto nelle Puglie, in Abruzzo e Molise e in Basilicata.

I principali sistemi produttivi provinciali specializzati

A partire dai dati occupazionali del Censimento 1991, l'Osservatorio Montedison-Cranec ha ricavato una mappa dei maggiori sistemi produttivi provinciali specializzati nelle attività manifatturiere tipiche del made in Italy. Diamo qui di seguito una sintesi dei principali risultati della ricerca.

Come si è già detto, sono stati individuati 195 maggiori sistemi territoriali manifatturieri per un totale di circa 2.144.800 addetti. La ripartizione dell'occupazione complessiva di tali sistemi è risultata la seguente: Nord 80%, Centro 15%, Sud 6%. Gli autori hanno anche elaborato per ogni provincia dei particolari indici di specializzazione territoriale (Ispt), dati dal rapporto (addetti provinciali di un dato settore *i*/addetti totali della provincia)/(addetti nazionali dello stesso settore *i*/addetti totali del paese), allo scopo di misurare l'impatto locale delle varie specializzazioni manifatturiere. Evidentemente, tanto più elevato è un Ispt, tanto maggiore è il peso che in una determinata provincia il settore manifatturiero analizzato ricopre rispetto alla sua rilevanza su base nazionale.

Nel settore tessile-abbigliamento sono stati selezionati 26 maggiori sistemi provinciali specializzati per un totale di 617.700 addetti. L'occupazione assicurata dalle maggiori province specializzate di questo settore è la più rilevante in termini numerici, pari al 29,5% dell'occupazione totale dei 195 sistemi territoriali analizzati. Le province con il maggior numero assoluto di occupati nel tessile-abbigliamento risultano, nell'ordine: Prato-Firenze, Milano, Varese, Bergamo (Val Seriana), Vicenza, Como-Lecco, Brescia, Biella-Vercelli, Treviso. Nel Sud Italia si distinguono Bari e Teramo (Val Vibrata). Le province con i più elevati Ispt nel comparto tessile sono Biella-Vercelli, Varese,

Pistoia, Como-Lecco, Prato-Firenze e Mantova (Castel Goffredo), mentre nell'abbigliamento i valori maggiori sono quelli di Teramo, Rovigo, Arezzo e Vicenza.

Nel settore delle pelli-calzature i principali sistemi provinciali specializzati classificati dalla ricerca Cranec-Montedison sono 19 con in totale 191.700 addetti. Le province con il maggior numero assoluto di occupati sono: Ascoli Piceno (Fermano), Firenze, Macerata, Pisa (Santa Croce), Vicenza (Arzignano), Verona e Treviso (Montebelluna). Nel settore conciario i più elevati Ispt sono quelli di Pisa, Avellino (Solofra) e Vicenza (Arzignano), mentre nel comparto della pelletteria spiccano Macerata e Firenze. Molto alti sono anche i valori degli Ispt dei maggiori distretti calzaturieri: Ascoli Piceno, Macerata, Pisa, Pistoia, Lucca, Lecce, Pavia (Vigevano), Verona e Treviso.

I principali sistemi produttivi specializzati nei prodotti alimentari tipici del made in Italy sono invece 18 con una occupazione totale di 146.400 persone. I poli maggiori per numero di addetti sono: Milano, Verona, Parma, Napoli, Cuneo, Salerno, Ravenna e Cremona. Gli Ispt più elevati nel comparto delle carni (con particolare riferimento agli insaccati) sono quelli di Parma (Langhirano, Parma, Felino), Cremona e Sondrio (grazie alla produzione della nota bresaola della Valtellina), mentre nel comparto della lavorazione della frutta e degli ortaggi (che include i succhi di frutta) spiccano i casi di Ravenna e Salerno. Nel comparto dei prodotti lattiero-caseari troviamo Parma (sede di Parmalat), Cremona e Mantova. Nel comparto «altri prodotti alimentari» (comprendente, tra gli altri, pasta, prodotti dolciari e da forno) gli Ispt più significativi sono quelli di Cuneo (Alba, sede di Ferrero), Parma (sede di Barilla) e Verona. Infine, nel comparto bevande (che include vini, liquori, acque minerali e bevande analcoliche) presentano elevati Ispt Asti (Monferrato), Cuneo, Sondrio, Chieti e Verona.

I sistemi provinciali specializzati nel settore dell'estrazione e della lavorazione delle pietre ornamentali assommano a 10 per un totale di 21.800 addetti circa. In termini di numero di addetti i distretti maggiori sono quelli di Massa Carrara-Lucca-La Spezia e Verona: queste province presentano anche i più elevati Ispt di settore.

Il settore del legno-mobilio conta 19 principali province specializzate, che occupano complessivamente circa 211.700 addetti. Le maggiori province produttrici sono: Milano-Como (Brianza), Treviso-Pordenone (Alto Livenza), Pesaro-Urbino, Udine, Vicenza, Verona, Bari-Matera. Nel comparto del legno gli Ispt più elevati sono quelli di Bolzano, Treviso, Pordenone, Udine e Mantova, mentre nel mobilio-arredamento i casi più significativi di specializzazione territoriale sono rappresentati da Pesaro-Urbino, Pordenone e Udine.

Il settore degli articoli in materie plastiche presenta 11 province specializzate per una occupazione complessiva stimata in circa 83.700 addetti. Le province maggiori sono, per numero assoluto di addetti, Milano, Varese e Bergamo, mentre gli Ispt più significativi sono quelli di Varese, Bergamo, Reggio Emilia, Alessandria e Como.

Il settore ceramiche e vetro conta 10 province maggiori, tra cui Modena, Reggio Emilia, Vicenza e Ravenna (Faenza) nelle ceramiche, Venezia e Parma nel vetro, con una occupazione totale di 53.900 addetti. Nel comparto delle piastrelle ceramiche gli Ispt più elevati si riscontrano per Modena e Reggio Emilia, mentre in quello del vetro sono Chieti, Parma, Siena e Venezia a guidare la graduatoria.

Nel vasto settore dei prodotti in metallo (che va dalla bulloneria alle pentole, dallo stampaggio al trattamento dei metalli, dalla minuteria metallica alla ferramenta) le province maggiormente specializzate identificate dalla ricerca Montedison-Cranec sono 17 con una occupazione totale di oltre 357.000 addetti. Per numero assoluto di occupati si segnalano le province di Milano, Torino, Brescia, Como-Lecco, Bergamo e Bologna, mentre è interessante analizzare brevemente gli Ispt nei diversi comparti. In quello dello stampaggio e della profilatura dei metalli prevale Torino, anche per l'indotto Fiat, seguita da

Como-Lecco; nel trattamento e rivestimento dei metalli (galvanica, doratura, argentatura, ecc.) troviamo Brescia, Reggio Emilia e Novara; nella fabbricazione di articoli di coltelleria, utensili e oggetti diversi in metallo, infine, spiccano i casi di Pordenone (Maniago), Como-Lecco (Lecco, Premana) e Brescia.

Nel settore degli apparecchi ed elettrodomestici i sistemi provinciali considerati sono invece 18 con 176.200 addetti in totale. Milano, Torino, Bologna e Varese sono le province con il maggior numero di occupati, mentre si distinguono per livelli di specializzazione territoriale: Novara, Reggio Emilia e Brescia (Lumezzane) nella rubinetteria-valvolame e nelle pompe; Pordenone (sede di Zanussi), Ancona (sede di Merloni), Treviso (sede di De Longhi) e Varese (sede di Whirlpool Italia) negli elettrodomestici.

Numerose, ben 30, sono le principali province specializzate nelle macchine industriali e agricole, con una occupazione complessiva stimata in 222.800 addetti. Oltre a Milano e Torino, emergono per numero assoluto di occupati Bologna, Vicenza (Schio-Thiene), Brescia, Modena e Bergamo. Nel comparto delle macchine agricole gli Ispt più elevati sono riscontrabili per Ferrara, Modena e Reggio Emilia, mentre nel comparto delle macchine utensili troviamo Vicenza, Alessandria e Brescia. Nell'eterogeneo comparto costituito dalle «altre macchine per impieghi speciali» (che va dalle macchine per imballaggio a quelle per la lavorazione di legno, fibre, pelli, ceramiche, plastiche, ecc.) spiccano per valori degli Ispt: Parma, Pavia, Bologna, Modena, Pordenone, Varese, Bergamo, Biella-Vercelli e Brescia.

Tra gli altri casi di specializzazione provinciale ricordiamo, infine, quelli di due province vocate nel comparto dei prodotti elettromedicali (Modena e Vercelli), di una provincia leader nell'occhialeria (Belluno) e di tre province nell'oreficeria-gioielleria (Arezzo, Vicenza e Alessandria), di sette province presenti nel comparto cicli e motocicli e di quattro province leader nelle lampade e apparecchi per illuminazione.

Oltre ai dati sull'occupazione anche quelli sull'export ci possono aiutare a tracciare una mappa delle principali realtà produttive locali nei settori tipici del made in Italy e della meccanica collegata. A questo riguardo ricordiamo che l'Osservatorio Montedison-Cranec segue regolarmente il commercio estero delle maggiori specializzazioni provinciali pubblicando trimestralmente un rapporto su «Il Sole-24 Ore» dedicato a una sessantina di esse. In realtà, l'Osservatorio è centrato su un campione ancora più ampio, costituito da 100 principali settori provinciali identificati a partire da una delle classificazioni statistiche più utilizzate a livello internazionale, la Nace-Clio (sono state escluse volutamente le province di Milano e Torino, le cui statistiche sono spesso gonfiate da flussi puramente commerciali, con la sola eccezione di Milano nel caso del distretto brianzolo del legno-mobilio). Queste 100 realtà provinciali specializzate nei più diversi settori del made in Italy (si veda la tabella 4) hanno generato nel 1996 un export globale di circa 137.000 miliardi di lire; il loro peso complessivo rispetto al valore totale dell'export italiano è cresciuto considerevolmente tra il 1986 e il 1996, passando dal 32,2% al 35,4%, con un guadagno dunque di più di 3 punti percentuali.

Nell'ambito del tessile-abbigliamento le principali province esportatrici coincidono con i maggiori distretti industriali: Como (prodotti in seta), Prato e Biella (prodotti lanieri), Bergamo (tessile cotoniero e abbigliamento), Treviso (abbigliamento), Carpi (maglieria, abbigliamento), Mantova (con il distretto delle calze femminili di Castel Goffredo), ecc. I più alti tassi di crescita dell'export nel periodo 1986-96 sono stati conseguiti da Mantova, Reggio Emilia (ove opera un gruppo leader come Max Mara), Novara, Vicenza e Bergamo.

Un cenno a parte meritano i due grandi distretti di Biella-Valsesia e Prato nel settore laniero. Nel 1996 queste due province hanno importato, rispettivamente, 869 e 395 miliardi di lire di materie prime laniere (lane grezze, peli fini, lane lavate, cardate o pettinate, cascami di lana), seguite da Vicenza, con 147 miliardi di lire. Il comprensorio di Biella-Vercelli, in particolare, è leader incontrastato nel commercio estero di tessuti pettinati di lana, mentre Prato lo è nel cardato. Nel 1996 le province di Prato-Firenze hanno esportato 1.462 miliardi di lire di tessuti di lana puri o misti, pari al 41% dell'export nazionale e a una quota del 20% circa del commercio mondiale di questo tipo di tessuti, mentre il corrispondente export di Biella-Vercelli nello stesso anno è assommato a 990 miliardi di lire, pari al 30% circa dell'export italiano e grosso modo al 14-15% dell'export mondiale di settore.

Un altro distretto estremamente specializzato nell'ambito del tessile-abbigliamento è quello serico comasco, da cui proviene l'82% dell'export italiano di tessuti di seta (pari ad oltre 1/4 dell'export mondiale) e il 47% dell'export nazionale di oggetti cuciti in seta (cravatte, foulard, camicie, ecc.).

Il settore pelli-calzature presenta anch'esso numerose province esportatrici specializzate, tra cui Firenze, Ascoli Piceno, Macerata, Treviso, Pisa, Vicenza. Tra il 1986 e il 1996 è cresciuto in modo particolarmente significativo l'export conciario del distretto di Solofra, in provincia di Avellino, ma anche l'export calzaturiero di Lecce, nonché, tra i distretti più consolidati, l'export conciario sia di Pisa (Santa Croce) che di Vicenza (Arzignano). Al distretto della calzatura sportiva di Montebelluna (Treviso), leader mondiale nel proprio comparto produttivo, è dedicato un paragrafo specifico nel capitolo quinto.

Per quanto riguarda il settore legno-mobilio, la tabella 4, in fondo al volume, riporta l'export di praticamente tutti i maggiori distretti italiani, da quello dell'Alto Livenza (a cavallo tra le province di Treviso e Pordenone) alla Brianza (Como e Milano), da Udine a Verona-Vicenza, da Pesaro a Bari-Matera. Le esportazioni di quest'ultimo distretto, specializzato nel mobile imbottito in pelle, sono cresciute in modo quasi esponenziale tra il 1986 e il 1996 (si veda il capitolo quinto); ma forti incrementi nell'export sono stati conseguiti anche dall'Alto Livenza e da Pesaro.

Nell'ambito del settore Nace-Clio «prodotti non metallici» è ricompreso il distretto emiliano delle ceramiche (che ha come perno Sassuolo e si distende lungo l'asse Reggio Emilia-Modena-Bologna): questo distretto, che domina da solo il commercio mondiale del comparto, nel 1996 ha esportato manufatti per quasi 4.700 miliardi. Troviamo inoltre inclusi nella categoria «prodotti non metallici» i maggiori distretti del marmo e dei materiali lapidei (Verona e il distretto Apuo-Versiliese), anch'essi leader nel proprio mercato internazionale.

Nel settore dei prodotti in metallo l'Osservatorio Montedison-Cranec ha identificato 6 principali province esportatrici: Verbania (specializzata nel pentolame e nei casalinghi con aziende storiche come Alessi, Lagostina, Bialetti), Brescia (provincia anch'essa specializzata nel pentolame e nei casalinghi con aziende di primo piano come Pinti Inox e Rondine, oltre che presente in diversi altri comparti come minuteria metallica, ferramenta, ecc.), Verona (polo del riscaldamento con O.F. Riello e Ferroli), Vicenza, e Lecco (quest'ultima specializzata nelle caldaie, nella ferramenta, nelle forbici e nella coltelleria, negli utensili e persino nelle catene antineve).

In base alle statistiche relative ai gruppi merceologici Istat, caratterizzati in molti casi da una aggregazione troppo elevata, non è possibile ricostruire con esattezza il quadro delle maggiori province esportatrici di diversi singoli beni che vanno poi a confluire nella voce Nace-Clio «prodotti in metallo». In questo caso, possono tuttavia costituire un utile strumento complementare di valutazione le statistiche di commercio estero rilevate dall'Ufficio Italiano Cambi, anche se esse sono riferite solo alle esportazioni delle imprese residenti di valore unitario superiore ai 10 milioni di lire. Secondo questi dati, si desume a grandi linee che dalla provincia di Verona proviene oltre il 60% dell'export italiano di caldaie e bruciatori per riscaldamento, mentre per quanto riguarda il settore del pentolame e della posateria subito dopo Milano (non inclusa tra le province da noi qui analizzate, ma che detiene una quota di export del 26%) figurano tra le maggiori province esportatrici Brescia (con il 25% circa del totale), Como (12%) e Verbania (10%). Si può stimare che la provincia produttiva leader in questo settore, cioè quella di Brescia (tenuto conto che i dati di Milano sono influenzati anche da consistenti flussi puramente commerciali), detenga da sola oltre il 5% dell'export mondiale di pentolame e posateria, con una quota ancor maggiore nel segmento specifico del pentolame, mentre la quota del distretto del casalingo di Verbania (Crusinallo e Omegna) negli scambi internazionali di questo comparto di prodotti si dovrebbe aggirare intorno al 3%.

Di grande interesse sono anche le specializzazioni provinciali nell'eterogeneo settore Nace-Clio delle «macchine agricole e industriali» (che al di là della denominazione un po' fuorviante abbraccia tutta la meccanica strumentale nonché rubinetteria-valvolame, pompe e altri accessori). In quasi tutti i casi analizzati le esportazioni delle diverse province considerate sono aumentate nel periodo 1986-96 in misura molto superiore alla media nazionale, a testimonianza della particolare vitalità dei distretti della meccanica strumentale e dei prodotti meccanici per l'arredo-casa. Nella tabella 4 sono incluse sia province con una forte concentrazione dell'export in prodotti molto specifici, come per i casi di Bologna nelle macchine per imballaggio, di Novara nella rubinetteria-valvolame, di Rimini-Forlì e Pesaro nelle macchine per la lavorazione del legno, di Biella nel meccano-tessile, di Pavia (Vigevano) nelle macchine per calzature, sia province che presentano esportazioni più eterogenee, comprendenti più tipi di macchinari e apparecchi, come nei casi di Varese, Padova, Bergamo, Brescia, Modena, Parma, Reggio Emilia.

Anche in questo caso le statistiche più analitiche dell'Ufficio Italiano Cambi ci possono aiutare a individuare meglio le più importanti realtà locali nell'export di particolari macchine e apparecchi. Da due sole province (Milano, non analizzata nella tabella 4, e Varese) proviene oltre il 50% dell'export italiano di macchine per la lavorazione delle materie plastiche e della gomma. Incrociando le stime basate sui dati Uic con quelle dell'export dei maggiori paesi produttori a livello internazionale, si può stimare che la provincia di Varese da sola rappresenti una quota del 3% circa del commercio mondiale di questo tipo di macchine. La dorsale Forlì-Rimini-Pesaro (dominata dal Gruppo Scm) detiene a sua volta una quota vicina al 40% dell'export totale italiano di macchine per la lavorazione del legno, mentre le vendite estere di macchine per confezionamento e imballaggio della provincia di Bologna rappresentano il 35% circa del totale nazionale, con Parma, Modena e Reggio Emilia che seguono a ruota con, rispettivamente, quote del 14%, 5% e 4%. Possiamo stimare che il distretto «adriatico» delle macchine per il legno (Forlì-Rimini-Pesaro) rappresenti il 10% circa del commercio mondiale di settore, mentre dalla dorsale Bologna-Modena-Reggio Emilia-Parma proviene il 14% circa dell'export mondiale di macchine per imballaggio. Nelle macchine tessili sono Bergamo (22%), Milano (13%, non inclusa nella tabella 4), Brescia (12%) e Varese (7%) a detenere le più rilevanti quote dell'export nazionale di settore, mentre Pavia (30%) e Vicenza (15%) sono le province che dominano l'export italiano di macchine per la lavorazione delle pelli e per la produzione di calzature. È da notare che le quattro maggiori province lombarde specializzate nelle macchine tessili rappresentano una quota dell'8% circa del commercio mondiale di settore. Infine, ricordiamo che dalle province di Novara-Vercelli (a cavallo delle quali si colloca il distretto del Cusio e della Valsesia) scaturisce 1/3 circa dell'export nazionale di rubinetteria-valvolame; in questo settore il secondo grande distretto industriale è rappresentato dall'area bresciana localizzata intorno a Lumezzane, da cui proviene un altro 22% circa dell'export italiano di rubinetteria-valvolame. Si può ritenere ragionevolmente che i distretti di Novara-Vercelli e di Brescia detengano, rispettivamente, quote del 6% e del 4% dell'export mondiale di rubinetteria-valvolame e relativi accessori: quote che risulterebbero ancor più elevate se ai fini della nostra analisi fosse possibile isolare dalle statistiche disponibili esclusivamente la rubinetteria-valvolame in ottone e bronzo, che costituisce una specializzazione specifica all'interno di questo settore produttivo. Ai distretti di Bologna delle macchine per imballaggio e di Novara-Vercelli e Brescia della rubinetteria-valvolame sono dedicati due distinti paragrafi di approfondimento nel capitolo quinto.

Passando ad analizzare il settore del materiale elettrico, troviamo indicate nella tabella 4 tutte le province ove hanno sede i maggiori gruppi di elettrodomestici e materiale elettrico: Varese (Whirlpool e Bi-Ticino), Pordenone (Zanussi), Ancona (Merloni), Vicenza (Ocean), Treviso (De Longhi), Bergamo (Gewiss). L'export nel periodo 1986-96 è cresciuto anche in questo caso in modo molto significativo un po' in tutte le province analizzate.

Di grande interesse è il caso dell'unica provincia considerata nella tabella 4 relativamente al settore «meccanica di precisione»: si tratta di Belluno, specializzata nell'occhialeria. La produzione di questo distretto – in gran parte destinata ai mercati esteri – è cresciuta in modo formidabile nel periodo 1986-96; dal Cadore proviene oltre il 60% dell'export nazionale del settore.

I dati sulle principali province esportatrici di prodotti agricoli e agro-alimentari meritano qualche approfondimento per la grande varietà di beni considerati. Siamo facilitati in ciò dal relativo maggior grado di disaggregazione dei gruppi merceologici Istat concernenti i prodotti dell'agricoltura, silvicoltura e pesca e delle industrie alimentari. Tra le maggiori province esportatrici in questo grande settore produttivo vi è Bolzano (1.022 miliardi di lire nel 1996): tre gruppi merceologici, cioè frutta (410 miliardi, prevalentemente mele), succhi di frutta (205) e vini (126), rappresentano i 3/4 dell'export agro-alimentare di questa provincia, da cui proviene il 30% circa della raccolta nazionale di mele. Mele e vini rappresentano le voci maggiori anche dell'export agro-alimentare della provincia di Trento, mentre estremamente variegato è l'export di Verona in questo settore (1.514 miliardi di lire), spaziando dai vini (518 miliardi) alla frutta (189) e ai succhi di frutta (157), dalle carni fresche e congelate (133) agli ortaggi (196), dai dolci (26) ai prodotti da forno (66). Forlì-Rimini e Ravenna vedono concentrato il loro export agro-alimentare essenzialmente sulla frutta e i succhi di frutta. Forlì, in particolare, è una provincia leader nella coltivazione di pesche, albicocche e fragole. Imperia è specializzata soprattutto nel florovivaismo (307 miliardi di lire l'export nel '96) e nell'olio d'oliva (172 miliardi): queste due voci rappresentano l'85% circa dell'export agro-alimentare e della silvicoltura di questa provincia. Vini (212 miliardi di lire nel '96) e olio d'oliva (135) sono invece le principali voci di export agro-alimentare di Firenze-Prato, mentre i vini da soli (232 miliardi di lire) coprono oltre l'80% del valore dell'export agro-alimentare di Siena. Un'altra provincia il cui export agro-alimentare è essenzialmente concentrato nei vini (153 miliardi nel '96) è Asti. Sempre nel campo dei prodotti agricoli ed alimentari, l'olio di oliva (235 miliardi nel '96) è la maggiore voce di esportazione di Lucca, mentre il florovivaismo (169 miliardi) lo è per Pistoia.

Ma la provincia con il più elevato export agro-alimentare è in assoluto Cuneo. Nel 1996 le esportazioni cuneesi di prodotti agricoli e dell'industria alimentare sono state infatti pari a ben 2.098 miliardi di lire: una cifra in cui pesano in modo decisivo le vendite estere del Gruppo Ferrero, che ha sede ad Alba. I prodotti dolciari (629 miliardi), quelli da forno (388) e i vini (350) costituiscono le principali voci alimentari dell'export di questa provincia. Anche Parma rappresenta un importante polo del sistema agro-alimentare italiano e può vantare un significativo flusso di export in questo settore, pari a 979 miliardi di lire nel 1996. L'export agro-alimentare di questa provincia è piuttosto variegato ed è influenzato sia dall'attività esportativa di alcuni grandi gruppi (come, ad esempio, Barilla) sia dal dinamismo di alcuni consorzi (tra cui quelli del prosciutto di Parma e del Parmigiano Reggiano). I proventi più consistenti dell'export agro-alimentare della provincia di Parma provengono dalla pasta (253 miliardi di lire nel '96), dagli insaccati (208), dai prodotti da forno (75) e dai formaggi di pasta dura (39).

Per quanto riguarda il Sud Italia le maggiori province esportatrici in campo agro-alimentare sono Bari (914 miliardi di lire nel '96), Napoli (816) e Salerno (1.052). Le conserve di pomodoro rappresentano la maggiore voce di export di Napoli e Salerno (con, rispettivamente, 616 e 196 miliardi di lire nel '96). Napoli esporta anche pasta (127 miliardi) e frutta secca (64). Bari presenta invece una struttura del proprio export agro-alimentare maggiormente orientata verso la frutta fresca (496 miliardi di lire nel '96), gli ortaggi (156), l'olio d'oliva (97) e la pasta (58).

Infine, l'Osservatorio Montedison-Cranec individua 5 principali voci di export provinciali relativamente alla categoria residuale Nace-Clio «altri prodotti». Troviamo inserite in questa categoria le tre province leader nella produzione e nell'export di oreficeria-gioielleria, cioè Arezzo, Vicenza e Alessandria (Valenza Po), più due province particolarmente vocate nei prodotti in materie plastiche (Varese e Bergamo). È da rilevare che nel 1996 l'Italia ha importato 7.137 miliardi di metalli preziosi (prevalentemente oro), essendo il primo trasformatore mondiale. Tale import è stato effettuato per il 39% dalla provincia di Arezzo, per il 33% dalla provincia di Vicenza e per il 5% da quella di Alessandria. L'export di prodotti di oreficeria-gioielleria delle tre province considerate rappresenta percentualmente quote assai elevate delle rispettive esportazioni di «altri prodotti»: praticamente il 100% nel caso di Arezzo; oltre l'80% nel caso di Vicenza e il 55% nel caso di quella di Alessandria (che è attiva anche nell'export di articoli in materie plastiche).

4. *Punti di forza e di debolezza*

Le piccole e medie imprese e i distretti che costituiscono l'ossatura del made in Italy sono realtà flessibili e dinamiche, capaci di occupare spazi rilevanti sui mercati internazionali. Il modello del made in Italy ha inoltre esaltato le tradizioni artigianali e produttive locali, il design, lo sviluppo dell'innovazione di processo e di prodotto. In molti casi le nostre imprese si sono ritagliate dei mercati di nicchia difficilmente attaccabili persino dai paesi emergenti. Sono, questi citati, importanti elementi di forza del made in Italy, che, tuttavia, soffre in generale delle inefficienze del sistema Italia, lamentate con una particolare vena polemica soprattutto dagli imprenditori del Nord Est. I punti dolenti sono numerosi: la rigidità del mercato del lavoro, l'eccessiva burocrazia, una fiscalità ritenuta troppo pesante, servizi al di sotto degli standard europei, tra cui un mercato finanziario poco sviluppato, una rete di trasporti inadeguata, costi troppo elevati dell'energia, derivanti dal perdurare dei monopoli nel campo dell'energia elettrica e del gas.

Libera iniziativa, flessibilità, tradizioni locali: un modello di sviluppo spontaneo

Giacomo Becattini ha analizzato approfonditamente le motivazioni all'origine dello sviluppo dei distretti industriali in Italia. Ma, più in generale, le sue considerazioni servono a spiegare in gran parte anche le ragioni della crescita dell'intero sistema del made in Italy, di cui i distretti costituiscono una fetta importante. Egli ricorda in un recente saggio come «nella seconda metà degli anni '60 l'Italia avrebbe avuto a disposizione due – almeno due – sentieri di industrializzazione possibili: quello che è poi stato battuto e quello di un'industrializzazione "classica", coi settori "seri" al posto giusto. In verità, la cultura economica e politica del tempo non permetteva di cogliere l'esistenza di questa duplice possibilità: quello che oggi chiamiamo made in Italy, ad esempio, veniva infatti considerato come una riserva marginale e/o in via di esaurimento, come le rimesse degli emigranti, o il turismo, di cui un paese industrializzato aveva quasi da vergognarsi. [...] Quanto alle esportazioni, a parte i gingilli dell'artigianato, le si consideravano terreno di caccia delle grandi imprese». Ma l'ambizioso disegno programmatorio di industrializzazione classica privilegiato dalla classe politica degli anni '60, con al centro lo sviluppo di grandi imprese pubbliche e private operanti in settori ritenuti «seri» tra cui la chimica, l'elettronica, la metallurgia, presto fallisce. Il dirigismo non sembra adatto alla realtà italiana, fatta di tanti particolarismi e di vivaci sistemi locali poco disposti a perdere la loro identità in nome di «concetti e modelli coniati originariamente per altre culture, altre storie, altre realtà». Per Becattini «nel 1973, quando il mondo, con la fine del sistema di Bretton Woods e gli shock petroliferi, si trova a un nuovo passaggio cruciale, la prospettiva dell'industrializzazione classica, se mai, per l'Italia, c'era stata, si è ormai dissolta».

Si afferma invece chiaramente e in modo spontaneo un modello di sviluppo basato, più che sulle grandi imprese, sulle piccole e medie aziende, o anche su aziende relativamente grandi (con più di 250 addetti fino anche a 1.000 o 2.000 addetti), però essenzialmente gestite dagli imprenditori delle famiglie proprietarie in modo diretto e senza le sovrastrutture burocratiche dei grandi gruppi. Sono i settori tradizionali del made in Italy a dominare sorprendentemente sempre più la scena dell'export e non le grandi imprese. Il sistema dei distretti industriali su cui largamente il made in Italy si impernia, inoltre, si rafforza in una misura che non trova precedenti in nessun altro paese avanzato.

Nei distretti nascono efficienti sistemi di relazioni tra le imprese, che si scambiano semilavorati, tecnologie, servizi. Il *know how* in certi particolari mestieri raggiunge livelli elevatissimi, con la valorizzazione di tradizioni artigiane spesso vecchie di secoli o comunque di esperienze industriali maturate in epoca recente da imprese pioniere da cui scaturiscono, per «gemmazione», tecnici e lavoratori che si mettono in proprio diventando a loro volta imprenditori. Nei distretti, in sostanza, vi è un continuo arricchimento del «sapere contestuale», come lo definisce Becattini, cioè dell'insieme di conoscenze non codificate che maturano a livello delle diverse imprese e del loro tessuto di relazioni locali. A ciò si aggiunge il fatto che nelle province e nei distretti industriali le imprese si trovano a godere di relazioni industriali meno conflittuali della media. Ciò è stato vero negli anni '70 e '80 ed è vero ancora oggi.

Questa visione dello sviluppo economico italiano è ormai largamente condivisa da molti osservatori del mondo industriale italiano, anche appartenenti alla grande impresa. In definitiva, si può dire che interpretando al meglio lo slancio della libera iniziativa privata, i distretti e le piccole e medie imprese sono stati una risposta spontanea ai bisogni di industrializzazione del nostro paese: un modello di sviluppo per lungo tempo ignorato o sottovalutato. Quasi tutti i distretti industriali italiani operano da più di 30-40 anni sui mercati mondiali e con questi mercati si sono sempre confrontati secondo i canoni della libera concorrenza. Gli imprenditori dei distretti e delle piccole e medie imprese del made in Italy hanno fatto di necessità virtù. Spesso ignorati dalle grandi politiche industriali nazionali, hanno dovuto arrangiarsi, hanno spremuto le loro meningi, sono scesi senza remore nell'arena internazionale.

Tra i punti di forza delle piccole e medie imprese del made

in Italy e dei distretti si possono citare l'essenzialità e la flessibilità, aspetti su cui diversi studiosi, come ad esempio Sebastiano Brusco ed Enzo Rullani, si sono soffermati a più riprese. All'interno del distretto non vi è spazio per l'inutile. Solo gli attori di successo e quelli che sono realmente necessari per il funzionamento del sistema sopravvivono. Il distretto si autorganizza, si evolve continuamente e in modo tendenzialmente ottimale. All'interno di un grande gruppo multinazionale, invece, vi sono spesso funzioni e apparati che tendono a perdere slancio, a stratificarsi e a estraniarsi rispetto agli obiettivi dell'impresa. Il cambiamento è più lento, faticoso, a detrimento dell'efficienza complessiva. Per quanto concerne la flessibilità, va detto che nelle piccole e medie imprese dei distretti e in generale nelle aree di eccellenza del made in Italy esiste un rapporto ideale tra cultura locale e il mondo delle imprese, tra produzione e indotto, tra i tempi dell'azienda e i tempi del lavoro, al di fuori di qualunque schema rigido o di artificiali contrapposizioni. I lavoratori partecipano attivamente alla vita dell'impresa, trovando costante occasione di riqualificazione personale in un continuo processo di apprendere dal fare e di valorizzazione delle capacità acquisite attraverso riconoscimenti personali in azienda o possibilità di riallocazione.

Il design, le tecnologie, l'innovazione, le leadership di nicchia

Non vi è dubbio che il variegato mondo del made in Italy sia una straordinaria fucina di innovazione. Questa affermazione potrebbe sembrare in contrasto con i dati che mostrano come le spese in ricerca e sviluppo del nostro paese in rapporto al Pil siano tra le più basse tra i paesi avanzati. In realtà, la ricerca e le scoperte di base, tipiche di settori come la chimica, l'elettronica e le biotecnologie (molto deboli in Italia), non esauriscono l'innovazione, ma ne rappresentano solo una parte. Anzi, se poi le imprese non sono in grado di applicare le scoperte di base alla produzione e di portarle sul mercato, tali scoperte non generano frutti di rilievo. Per contro, le imprese del made in Italy hanno dato prova di saper applicare con grande abilità le scoperte di base, ad esempio dell'elettronica, alle loro produzioni. Basti pensare al caso di successo di una azienda come la Beghelli, dove su 421 dipendenti 70 sono impegnati nell'innovazione tecnologica e nella ricerca di nuovi prodotti. Beghelli ha lanciato negli ultimi anni vari prodotti innovativi, tra cui sofisticati sistemi per il telesoccorso per gli anziani. Le imprese del distretto bolognese delle macchine per imballaggio, di cui parleremo nel prossimo capitolo, hanno a loro volta applicato i più avanzati sistemi dell'elettronica alla loro tradizionale meccanica d'avanguardia. Il distretto di Mirandola in provincia di Modena, specializzato nel settore biomedicale, ha sviluppato tecnologie molto avanzate, specie nel campo delle attrezzature per la dialisi. E ancora: un'impresa leader nelle macchine per la lavorazione del legno, il gruppo Scm di Rimini, sta perfezionando un rivoluzionario sistema integrato capace di progettare e realizzare un arredo, completo di design, fatto su misura per il cliente. Per non parlare di aziende leader nel meccano-tessile come il gruppo bresciano Lonati (220 miliardi di fatturato nel '96 solo nelle macchine tessili), che, tra l'altro, produce le migliori macchine del mondo per la produzione di calze femminili, o come la Vamatex di Bergamo (255 miliardi di fatturato nel '97) che ha sviluppato il telaio con ogni probabilità oggi tecnologicamente più evoluto a livello mondiale per velocità e versatilità, denominato «Leonardo», frutto di tre anni di ricerca e di 25 miliardi di investimenti.

Il made in Italy ha inoltre dato sempre prova di grande capacità nel realizzare importanti innovazioni di processo e di prodotto, a volte addirittura di carattere radicale. Si pensi, ad esempio, nel primo caso all'introduzione della monocottura nella produzione delle piastrelle ceramiche e, nel secondo caso, al lancio del «fresco di lana», il tessuto finissimo che ha garantito agli industriali lanieri italiani nuovi rilevanti spazi di mercato anche per quanto riguarda l'abbigliamento estivo. Settori relativamente poveri in termini di valore aggiunto, almeno sulla carta, come ad esempio quelli della rubinetteria-valvolame o delle calze femminili, hanno introdotto processi produttivi estremamente avanzati. Le aziende di distretti relativamente tradizionali come quello della calzatura sportiva di Montebelluna hanno lanciato nuovi prodotti, come i pattini a rotelle tipo *rollerblade*. Un'azienda reggiana, la Interpump, leader mondiale nelle pompe ad alta pressione e nelle macchine per pulizia, ha avviato con successo la produzione di idropulitrici portatili per il mercato delle famiglie, ottenendo un grande successo sul mercato americano. A volte le imprese hanno saputo stimolare mode o abitudini di consumo del tutto particolari: un caso significativo è quello degli zainetti per studenti su cui ha puntato l'azienda Invicta. Ma l'inventiva degli industriali del made in Italy si spinge anche ai prodotti alimentari: basti pensare all'enorme successo delle linee *Kinder* della Ferrero o *Mulino Bianco* della Barilla, piuttosto che al boom di un'azienda come Rana nel settore della pasta fresca.

L'innovazione di prodotto è uno dei punti di forza del made in Italy, anche dei settori meno conosciuti. Nel distretto novarese-valsesiano della rubinetteria e del valvolame, ad esempio, una azienda tra le maggiori, la Pettinaroli di San Maurizio d'Opaglio, ha sviluppato una valvola a sfera che incorpora un particolare filtro in grado di depurare l'acqua potabile. La Giacomini, il maggior gruppo italiano nel valvolame, ha a sua volta inventato un piccolo termosifone portatile che può essere rapidamente staccato dalla parete e attaccato in altre stanze dell'abitazione, alla stregua di un semplice elettrodomestico, in modo da economizzare i consumi dell'impianto di riscaldamento.

Ma innovazione significa anche proporre costantemente un design d'avanguardia. In ciò sono maestre le aziende italiane dell'abbigliamento, delle calzature, del mobilio, delle lampade, degli occhiali, dell'oreficeria, della pelletteria, della rubinetteria, ecc. Basti pensare alla crescita di un gruppo come Armani che ha fatto del design il proprio fattore di sviluppo: il Gruppo Armani è arrivato nel 1997 a un fatturato di ben 1.400 miliardi di lire con un utile netto oltre i 200 miliardi. Oppure si consideri il caso di un distretto specializzato come quello fiorentino della pelletteria di lusso, composto da circa un migliaio di operatori (tra cui moltissimi laboratori artigiani), che fatturano complessivamente nell'area oltre 2.100 miliardi di lire. In questo distretto hanno sede gruppi leader come Ferragamo (con un fatturato globale di poco meno di 900 miliardi di lire), Gucci (1.500 miliardi di fatturato), nonché i Pellettieri d'Italia del Gruppo Prada (1.400 miliardi la stima del giro d'affari complessivo). Ma nel distretto producono anche Fendi e la francese Louis Vuitton che ha recentemente rilevato un'azienda nella zona di Impruneta, attratta dalle economie e dal *know how* del distretto stesso.

Nel distretto bellunese degli occhiali aziende leader come Luxottica, Safilo, De Rigo e Marcolin hanno fatto incetta dei marchi più prestigiosi della moda e dell'abbigliamento sportivo per lanciare le loro linee di montature e di occhiali da sole in tutto il mondo.

Sul design puntano però in modo rilevante non solo le aziende di successo della moda, ma anche quelle dell'arredamento e dei casalinghi. Basti pensare ai nomi di Natuzzi nei divani piuttosto che ad Artemide nel settore delle lampade o ad Alessi in quello dei casalinghi.

Altrettanto importante è la capacità dimostrata dalle imprese e dai distretti del made in Italy nel conquistare leadership di nicchia, pressoché inattaccabili, nei settori più disparati. Anche in questo caso, per motivi di sintesi, non possiamo far altro che ricordare qui pochi esempi significativi, ma i casi di successo sono numerosissimi. Basti pensare al distretto vicentino delle selle per bicicletta, concentrato intorno a Rossano Veneto: un'area che sforna qualcosa come 30 milioni di selle ogni anno, realizzando un fatturato di circa 200 miliardi di lire, con aziende leader a livello mondiale come Selle Italia, Royal, San Marco e Isca. Estremamente interessante è il caso di una azienda di Alessandria, la Guala (260 miliardi di lire il fatturato '97), leader mondiale nei tappi per bottiglie per liquori, che copre circa il 60% di questo particolare mercato. I tappi sviluppati dall'azienda non solo facilitano la mescita, ma non permettono di riempire le bottiglie già utilizzate con prodotti scadenti, il che costituisce un fattore importante a difesa della qualità per le ditte produttrici di alcolici pregiati. Ormai famosissimo è poi il successo della Bialetti di Crusinallo di Omegna (comune della provincia di Verbania), che detiene il 60% circa del mercato mondiale delle caffettiere. La società vende il 75% della propria produzione, pari ad oltre 4 milioni di pezzi all'anno, in Italia e il restante 25% all'estero, principalmente nei paesi latino-americani e negli Stati Uniti, ove risiede popolazione di origine italiana con un particolare orientamento verso il caffè «all'italiana». L'idea della caffettiera moderna fu di Alfonso Bialetti che la ideò negli anni '30, ma fu poi il figlio Renato a sviluppare la produzione industriale del prodotto. Temporaneamente rilevata nel 1987 dalla Faema, la Bialetti è entrata nel 1993 a far parte del gruppo bresciano Rondine (leader nel pentolame con un fatturato superiore ai 100 miliardi di lire), che ha rilanciato la missione strategica dell'azienda e ha dato un notevole impulso all'automatizzazione della produzione portandola verso nuovi record. Il fatturato della Bialetti, che nella sua storia ha venduto 200 milioni di caffettiere, ha raggiunto nel 1997 i 53 miliardi di lire.

Il fenomeno della delocalizzazione

Negli ultimi 10-15 anni diversi paesi in via di sviluppo, come Taiwan, la Corea del Sud, la Thailandia, la Cina e, più recentemente, anche il Vietnam hanno avviato rilevanti attività produttive in molti settori tradizionali in cui l'Italia è specializzata. Ciò è avvenuto non solo nei settori della moda, ma anche in produzioni della meccanica, come coltelleria, pentolame, ecc. Grazie a costi della manodopera sensibilmente inferiori, la concorrenza dei paesi asiatici, ma anche di nazioni europee come quelle dell'Est, il Portogallo o di diversi paesi latino-americani, nei settori cosiddetti tradizionali ha, di fatto, messo definitivamente in ginocchio le produzioni storiche in questi settori di nazioni come la Francia o l'Inghilterra, che le hanno praticamente abbandonate. L'Italia, invece, ha resistito, unico paese tra quelli avanzati, all'assalto dei paesi emergenti, pagando però anch'essa un prezzo. Le produzioni a più basso valore aggiunto del sistema moda in molti casi sono state abbandonate anche dal nostro paese, che invece ha conservato le attività di più elevata qualità, di forte contenuto di design e di servizio.

Basta dare un'occhiata alla tabella 3 riportata in fondo al volume per accorgersi che, a livello di commercio internazionale, i più forti concorrenti nei prodotti tradizionali in cui l'Italia è vocata (dal tessile all'abbigliamento, dalle calzature agli occhiali, dall'oreficeria alle pietre ornamentali, dalle pentole all'illuminotecnica) oggi non sono gli altri maggiori paesi industrializzati, ma la Cina, Taiwan, la Corea del Sud e, in Europa, il Portogallo e la Spagna. Solo nelle produzioni tecnologicamente più complesse della meccanica tradizionale i concorrenti più forti dell'Italia sono rimasti i tradizionali rivali tedeschi e giapponesi.

Le attività a più basso valore aggiunto del made in Italy faticano dunque ormai a sopravvivere anche nel nostro paese. In molti casi, le imprese italiane hanno scelto la strada della delocalizzazione, cioè sono andate a produrre all'estero l'intero prodotto o sue parti cercando di beneficiare del più basso costo del lavoro di paesi come quelli del Far East o, anche, dell'Europa orientale. Ciò può influire sull'immagine conquistata dai marchi italiani in tutto il mondo? Secondo un autorevole protagonista come Giorgio Armani no. Secondo Armani «non è detto che andare a produrre in Romania significhi per forza scadere di qualità. Naturalmente questo vale per i capi "veloci" e non per i più importanti, dove serve manodopera specializzata che c'è solo in Italia». Purtroppo, per Armani «il ricorso alle delocalizzazioni rischia invece di penalizzare la manodopera italiana del settore».

Non esistono cifre precise sulla delocalizzazione nei settori tipici del made in Italy. Secondo l'Associazione nazionale calzaturifici italiani, si stima che per almeno il 20% della produzione italiana di scarpe una parte della calzatura (principalmente la tomaia) venga già oggi fabbricata oltrefrontiera. La motivazione principale è data dal basso costo del lavoro dei paesi emergenti e dell'Est europeo. Ad esempio, in Slovacchia, dove pure non vi sono le condizioni migliori, il costo medio mensile di un operaio è di 500.000 lire contro i 4 milioni dell'Italia. I paesi in cui vengono prevalentemente delocalizzate le produzioni sono la Romania, l'Albania, l'Ungheria, la Slovacchia, la Tunisia, il Marocco.

I dati del Traffico di perfezionamento passivo (Tpp), cioè della temporanea esportazione di semilavorati destinati alla trasformazione presso i terzisti stranieri, relativi al sistema moda-abbigliamento nel periodo gennaio-settembre 1997 hanno a loro volta superato i 1.000 miliardi di lire. Romania, Ungheria e Slovacchia sono i principali paesi che hanno attirato lavorazioni in conto terzi da parte delle industrie italiane dell'abbigliamento. In altri casi le imprese italiane della moda hanno direttamente investito all'estero, realizzando stabilimenti in altri paesi.

Spesso, soprattutto nel Nord Est, la spinta a delocalizzare proviene anche dalla mancanza di manodopera: trovare operai nelle aree a più forte sviluppo è ormai quasi diventato impossibile.

Secondo Vittorio Giulini, presidente di Moda Industria, «la delocalizzazione nelle sue varie forme rientra nelle scelte strategiche elaborate a suo tempo dal sistema moda italiano per favorire la competitività di quei prodotti in cui il contenuto moda non è particolarmente elevato, contrariamente all'incidenza della manodopera». Se la delocalizzazione in questo tipo di prodotti è quasi una strada obbligata, gli industriali del nostro paese semmai lamentano di non essere sufficientemente assistiti dal sistema Italia quando decidono di andare all'estero, mentre, ad esempio, gli imprenditori tedeschi possono godere di un capillare lavoro preliminare di monitorizzazione e preparazione attivato dalle ambasciate e dalle banche del loro paese, che creano una adeguata rete finanziaria di sostegno.

Ma il basso costo del lavoro o la scarsità di manodopera non sono gli unici fattori che stimolano le imprese italiane a delocalizzare interamente o parzialmente le loro produzioni in altri paesi. Un caso significativo è quello dell'Artemide, azienda leader nel settore delle lampade, che ha recentemente deciso di andare a realizzare in Ungheria, a 100 chilometri a sud di Budapest, uno stabilimento di prodotti pressofusi, da utilizzare come basi per le lampade, in *joint venture* con un'altra azienda italiana, la Fondcol. In una recente intervista, Giorgio Garbin, titolare della Fondcol, ha puntualizzato le ragioni di questa scelta: a parte il basso costo della manodopera («in Ungheria il costo medio annuo di un operaio è l'equivalente di 8,5 milioni, tutto compreso»), i contributi per favorire l'occupazione («ogni assunto si porterà in dote, in base alla legge, 2 milioni di contributi a fondo perduto») e la buona specializzazione della manodopera stessa, vi sono altri elementi da considerare. Le autorità locali hanno messo a disposizione della *joint venture* in tempi brevissimi 2 ettari per costruire lo stabilimento e il terreno è stato pagato 40 milioni ad ettaro, un prezzo agevolato, e in tempi dilazionati (cinque anni); inoltre sono previsti sgravi fiscali sugli utili reinvestiti; la zona è un punto franco; per non parlare del fatto che l'energia elettrica ed il metano costano la metà rispetto all'Italia.

Quanto al Meridione d'Italia, esso viene generalmente visto come un'area alternativa di investimento poco attrattiva dagli imprenditori del made in Italy, nonostante l'eccezione costituita dai recenti accordi di investimento al Sud, nell'ambito di patti territoriali, che hanno avuto come protagoniste alcune imprese venete. La rigidità del mercato del lavoro, il pericolo della malavita e l'assenza di certezze rappresentano per gli operatori del Nord e del Centro Italia dei fattori negativi. Persino un imprenditore come Franco Miroglio, che pure ha realizzato in epoca recente due stabilimenti a Taranto, ora guarda all'estero: il suo gruppo sta per avviare in Bulgaria (dove il costo del lavoro è un ventesimo di quello italiano) una stamperia di tessuti che richiederà un investimento di 30-40 miliardi di lire. E Mario Zoppas, che è a capo di un gruppo che fattura in tutto il mondo circa 900 miliardi di lire, a cui «Il Sole-24 Ore» ha recentemente chiesto perché non sia attratto dal Sud Italia, così risponde: «Perché la Romania è imbattibile: lì il costo del lavoro costa uno, in Italia 15. Inutile aggiungere altro».

Le incognite del passaggio generazionale

Uno dei tratti salienti del sistema delle Pmi che costituiscono l'ossatura del made in Italy è rappresentato dal fatto che la maggior parte di esse è a proprietà famigliare. A questa caratteristica del sistema viene spesso dato più un significato negativo che positivo, poiché all'immagine dell'impresa famigliare viene associata automaticamente l'idea di un'organizzazione con scarsa professionalità nella gestione, poca propensione alla crescita e alti rischi legati soprattutto al ricambio generazionale.

Tuttavia, i risultati di alcune recenti indagini sembrano ridimensionare questo pregiudizio negativo. In un'analisi sviluppata dalla società At-Kearney su 65 società italiane giudicate «eccellenti» (che quindi hanno presentato oltre tre anni di bilanci in utile, detengono posizioni di leadership sul mercato nazionale e spesso su quello mondiale, presentano una forte internazionalizzazione, con una quota di fatturato all'export superiore al 50%), è emerso che il 74% di esse è a controllo famigliare (con il 61% posseduto al 100% da un'unica famiglia).

In realtà, come abbiamo visto, nella maggior parte delle Pmi del made in Italy la proprietà famigliare non è un punto di debolezza, ma finisce per costituire proprio uno degli elementi di forza delle imprese: nelle aziende a proprietà famigliare prevale infatti un orientamento di lungo periodo, si tende a massimizzare i valori dell'impresa più che l'utile a breve, l'imprenditore conosce a fondo il proprio business e ha quasi sempre una conoscenza diretta dei fornitori, dei clienti, dei concorrenti; emergono inoltre, a livello della famiglia proprietaria, una passione e un attaccamento verso l'attività dell'azienda probabilmente introvabili nelle grandi imprese gestite da manager professionisti.

Per contro, nella vita di una piccola o media azienda a carattere famigliare sostanzialmente sono due gli aspetti o momenti critici: quello legato al passaggio generazionale e quello legato alla possibilità di sostenere la crescita dell'azienda dal punto di vista finanziario.

Come emerge da una recente indagine campionaria effettuata dalla Sda Bocconi, in Italia più del 40% delle aziende famigliari è di seconda generazione. Queste aziende dovranno quindi presto affrontare il passaggio tra la seconda e la terza generazione, che è forse uno dei passaggi più critici poiché in esso si presenta il classico problema di dover gestire una compagine numerosa di azionisti, probabilmente ciascuno con un suo approccio diverso al ruolo di impresa, e meno coinvolti emotivamente nei confronti dell'impresa stessa. Il problema è quindi quello di gestire per tempo la transizione, sia attraverso la definizione più o meno formale di regole di comportamento contro la minaccia di «nepotismo» e di dilettantismo manageriale, sia attraverso l'inserimento progressivo di manager esterni da affiancare ai gestori/azionisti, sia infine attraverso una chiara definizione e distinzione dei diversi ruoli di proprietà, governo e direzione d'impresa. Da questo punto di vista però, le aziende italiane si sono mosse poco. Dalla ricerca della Sda Bocconi, infatti, che riporta anche un confronto con le aziende a carattere famigliare negli Stati Uniti, emerge un ritardo sostanziale delle imprese italiane per quanto riguarda la gestione di questa transizione. In Italia solo il 7% delle imprese ha formalizzato i meccanismi di successione (contro il 44% degli Usa), solo il 10% degli imprenditori ha fissato l'età a cui ritirarsi (contro il 40%), il peso dei famigliari tra i dirigenti è più elevato (43% contro il 36%) e la presenza di esperti esterni nei consigli di amministrazione è molto inferiore (29% contro il 51%).

L'altro importante fattore di rischio di fronte ai problemi di competitività posti dalla globalizzazione dei mercati, soprattutto per le aziende famigliari di piccole o medie dimensioni, è rappresentato dalla scarsa capitalizzazione e dalla difficoltà di autofinanziare gli investimenti necessari quando i progetti di sviluppo diventano più ambiziosi.

In sintesi, senza entrare qui nel dettaglio di questo tema che sarà approfondito più avanti, questo è un problema sia di mentalità da parte degli imprenditori, sia di carenze del sistema finanziario italiano, che sino ad oggi ha messo a disposizione delle piccole e medie aziende pochi strumenti finanziari innovativi e pochi operatori. L'apertura del capitale a terzi, attraverso ad esempio la quotazione in Borsa, presuppone una maggior trasparenza sui risultati e sui meccanismi di funzionamento dell'azienda, che non può più continuare ad essere considerata dalla famiglia azionista come una sua propria ed esclusiva creatura. D'altra parte, per sostenere lo sviluppo dell'azienda, il ricorso alla quotazione non deve essere visto come l'unica alternativa all'indebitamento. Oltre ai costi di quotazione, infatti, il mercato borsistico può essere guardato con una certa diffidenza in quanto luogo dove l'azienda potrebbe essere attaccata e scalata.

Una terza via potrebbe quindi essere rappresentata dall'ingresso nel capitale di soci come le *investment banks* o i fondi chiusi che sono alla ricerca di buone opportunità di investimento, ma che non sono interessati alla gestione. Questi soggetti devono però condividere il progetto industriale dell'azienda: anche in questo caso quindi è necessaria la trasparenza da parte dell'imprenditore (ad esempio attraverso un maggior utilizzo del sistema dei *ratings*), ma è altresì necessaria la diffusione di una maggiore cultura industriale presso gli operatori finanziari, una cultura per di più orientata verso la realtà delle Pmi, che non sempre è presente, almeno per quanto riguarda la situazione italiana.

I limiti del sistema finanziario

Per poter continuare a sostenere o rafforzare la propria posizione di mercato, la maggior parte delle aziende di piccole o medie dimensioni operanti nei settori del made in Italy, siano esse inserite o meno in un distretto, hanno un crescente bisogno di risorse finanziarie per i propri investimenti. Questo, tuttavia, è proprio uno degli aspetti più critici del sistema delle Pmi italiane che, essendo in larga maggioranza ad azionariato famigliare, ormai presentano un inadeguato livello di capitalizzazione. Ciò è confermato anche dall'analisi sulle strutture economiche e patrimoniali delle società di capitale effettuata nel 10° Rapporto della Centrale dei Bilanci. Ad esempio, nel 1995 (ultimo anno preso in considerazione dall'analisi), mentre, per la classe di aziende con un fatturato superiore ai 500 miliardi di lire, il rapporto tra mezzi propri e passività totali è di circa 1/3, per le aziende di dimensioni minori esso tende a ridursi, fino a raggiungere un valore intorno a 1/5 per le imprese con un fatturato inferiore ai 3 miliardi di lire. Contemporaneamente aumenta il peso dell'indebitamento a lunga scadenza e, dal lato del conto economico, quello degli oneri finanziari.

L'ampio ricorso all'indebitamento bancario è uno dei tratti caratteristici della struttura finanziaria delle imprese italiane, in particolare di quelle di media e piccola dimensione del made in Italy. Per una serie di motivi. Uno di questi è rappresentato dalla politica fiscale che ha da sempre esercitato un effetto distorsivo sulle scelte dei canali di finanziamento delle imprese, privilegiando il capitale di debito rispetto al capitale di rischio e facendo sì che una quota sempre maggiore del reddito di impresa venisse destinata alla remunerazione del debito invece che all'autofinanziamento. Un altro motivo è dato dalla scarsa propensione delle imprese, soprattutto quelle piccole e medie, nei confronti del ricorso al capitale di rischio. Infine, sul lato dell'offerta, non vanno dimenticate le carenze del mercato finanziario italiano, che, risultando poco innovativo sia in termini di strumenti finanziari che di nuovi intermediari, non ha offerto valide alternative ai tradizionali canali di finanziamento.

Lo sviluppo di una «nuova finanza» per le Pmi dovrebbe articolarsi su alcune direttrici principali. Una di queste è l'aumento e la differenziazione degli intermediari finanziari. Fondi chiusi, *investment banks* e società di *venture capital* potrebbero infatti offrire ai titolari delle imprese con buone prospettive di sviluppo la possibilità di ricorrere a capitale di rischio senza dover necessariamente rinunciare alla gestione dell'azienda. Un altro importante canale di finanziamento, sempre in termini di capitale di rischio, potrebbe essere rappresentato da un mercato borsistico destinato alle piccole e medie imprese, formula che, almeno in base alle esperienze estere già avviate, sembra poter riscuotere un grande successo. L'esempio più consolidato è rappresentato dal Nasdaq americano, che, costituito nel 1971 come mercato nazionale per la negoziazione dei titoli di aziende di recente costituzione e operanti nei settori maggiormente innovativi, attualmente vede quasi 5.000 società quotate (il doppio di quelle quotate alla Borsa di New York) tra cui anche la Microsoft, l'Intel o la Apple. L'altro esempio di grande successo è l'Aim, Alternative Investment Market di Londra che, lanciato nel '95, oggi ha circa 300 società quotate (un numero di società pari a quello del listino di Milano) con una capitalizzazione di oltre 15.000 miliardi di lire. Negli ultimi due anni anche in Germania, Francia, Olanda e Belgio sono stati costituiti dei secondi mercati, destinati alle aziende di minori dimensioni, che si sono anche collegati in un network europeo, l'Euro New Market.

Tutti questi mercati sono caratterizzati, rispetto ai mercati borsistici principali, da una maggior facilità di accesso e da una minor rigidità in termini di regole di reporting o di regole di funzionamento (*corporate governance*). Ad esempio, all'Aim non viene richiesta una capitalizzazione minima, non esiste un limite minimo di flottante da collocare sul mercato e soprattutto non è obbligatoria una durata minima di vita per le aziende che si vogliono quotare, favorendo così anche la quotazione delle aziende di nuovissima costituzione. I costi di collocamento e di mantenimento delle società su queste Borse sono inoltre molto più ridotti di quelli del mercato principale, grazie alla maggior semplicità delle regole di funzionamento.

In Italia questo tipo di mercato (che dovrebbe funzionare come minimo a livello nazionale, magari collegato anche ad un network europeo) oltre a costituire un canale ulteriore di finanziamento per la crescita e l'innovazione delle piccole e medie imprese, potrebbe anche facilitare, nelle aziende a proprietà famigliare, la gestione del passaggio generazionale, grazie alla maggior liquidità e negoziabilità delle quote azionarie possedute.

Tuttavia molte aziende, come spesso è il caso di quelle operanti nei distretti, sono troppo piccole anche per la quotazione su un secondo mercato. Si pone quindi la necessità di mettere a punto e diffondere degli strumenti finanziari innovativi e alternativi al tradizionale ricorso al credito bancario. È questo il caso, ad esempio, dei prestiti partecipativi che, comportando il rimborso del capitale in parte con interessi e in parte con la partecipazione agli utili, da un lato non appesantiscono la struttura finanziaria delle imprese e dall'altro non pongono nessun problema di apertura della gestione aziendale a terzi.

Ma per poter effettivamente parlare di una «nuova finanza» per le piccole e medie imprese è necessario un cambiamento di mentalità sia dalla parte degli operatori finanziari che, dal lato della domanda, da parte delle aziende stesse. In Italia, ad esempio, le principali *investment banks*, con una clientela costituita soprattutto da grandi o medie aziende, hanno una scarsa consuetudine a trattare con interlocutori di piccole dimensioni, e sono ancora molto pochi gli investitori istituzionali che puntano sul sistema delle Pmi. Le banche, a loro volta, hanno prevalentemente seguito, nell'erogazione del credito, logiche basate sull'affidabilità e solidità patrimoniale delle aziende piuttosto che sulle loro potenzialità di crescita o sulle strategie. Sarebbe forse necessaria una maggior cultura di impresa, per poter offrire un servizio di consulenza nei confronti della propria clientela e recuperare quel ruolo centrale che le banche, in particolare quelle locali, hanno avuto nello sviluppo dei distretti industriali. Un esempio interessante è stato fornito recentemente dal Credito Romagnolo che, insieme al Mediocredito Centrale, ha costituito un fondo chiuso di 70 miliardi, a cui hanno contribuito oltre 500 imprenditori romagnoli, finalizzato all'investimento in piccole aziende locali.

Ma un cambio di cultura, in termini di trasparenza e apertura a terzi, è necessario anche da parte delle aziende. I dati dell'ultima Indagine sulle imprese manifatturiere a cura dell'Osservatorio sulle Piccole e Medie Imprese del Mediocredito Centrale mettono in evidenza il limitato ricorso da parte delle aziende, in particolare di quelle di minori dimensioni, a strumenti finanziari innovativi o alla cessione di quote di capitale di rischio (a partire dal '92, solo l'1% del campione preso in considerazione; si registrano valori superiori alla media solo per i settori ad alta tecnologia e per quelli altamente specializzati). Per il futuro, la propensione verso nuove forme di finanziamento tende ad aumentare, ma sempre in misura molto contenuta (6,7% delle imprese del campione).

Il fardello della burocrazia

La complessità degli adempimenti burocratico-amministrativi in Italia è sicuramente un fattore che tende a pesare sulla competitività delle aziende, in particolare su quelle di piccola o media dimensione.

Da una recente indagine dell'Istat in collaborazione con l'Unioncamere, i costi che il sistema delle imprese deve accollarsi per lo svolgimento di pratiche burocratiche ammontano a circa 22.500 miliardi, pari all'1,2% del Pil. Se è vero che questo valore non si discosta in termini complessivi da quello registrato negli altri paesi europei, che va dall'1% al 3%, è anche vero però che esso comprende, per l'Italia, soltanto i costi diretti che il sistema delle imprese si deve sobbarcare, e non anche i costi degli stessi uffici pubblici, come negli altri paesi europei.

Ma l'aspetto particolarmente critico è dato dalla disparità tra piccole, medie e grandi imprese: l'incidenza dei costi amministrativi rispetto al totale dei costi aziendali è inversamente proporzionale alla dimensione aziendale. A soffrire maggiormente per la burocrazia (soprattutto per pratiche di tipo fiscale, amministrativo e per la gestione del personale) sono proprio le piccole imprese nella classe di addetti tra i 6 e i 20, per le quali il peso di queste voci è pari all'1,7% contro lo 0,2% delle grandi aziende con più di 200 addetti. E questo vale anche in termini di fatturato: le aziende con un fatturato fino a 1 miliardo «soffrono» i costi della burocrazia 28 volte di più delle aziende con un fatturato superiore ai 100 miliardi annui.

Migliorare il rapporto tra imprese e pubblica amministrazione eliminando gli ostacoli burocratici dovrebbe essere uno dei principi base di una politica industriale a sostegno del made in Italy. Molti passi in avanti in questa direzione sembrano essere stati compiuti con due recenti provvedimenti di legge, il n. 59/97 e il n. 127/97, le cosiddette leggi Bassanini 1 e Bassanini 2, che mirano a semplificare molti degli iter burocratici che le aziende sono costrette a effettuare. Una prima stima valuta attorno ai 4.000 miliardi di lire i risparmi in termini di costi amministrativi di cui potrebbero beneficiare le aziende con l'attuazione di questi provvedimenti e di altri, previsti a breve.

Le carenze delle infrastrutture e dei servizi

Probabilmente i fattori che hanno maggiormente influito sulla nascita e lo sviluppo del sistema delle Pmi, soprattutto se organizzate in forme distrettuali, sono più di tipo sociale e culturale, che di tipo materiale. Molti sistemi produttivi locali sono anzi nati e cresciuti proprio in aree senza una significativa dotazione di infrastrutture materiali, incluse quelle di trasporto. Basti ricordare il distretto di Montebelluna o quello di Arzignano, situati in zone non servite da particolari vie di comunicazione o il caso limite del distretto pugliese dei salotti, sviluppatosi in un'area con una dotazione infrastrutturale che, secondo un recente studio del Censis, è pari al 56% della dotazione infrastrutturale media a livello nazionale.

Ma se è vero che il livello delle infrastrutture non è un fattore sufficiente a spiegare la nascita dei sistemi di Pmi è anche vero che le condizioni ambientali, e quindi anche la dotazione locale di infrastrutture, influenzano la produttività delle imprese e, in definitiva, la loro capacità di operare sul mercato a condizioni competitive. La carenza di infrastrutture può infatti comportare per le aziende, soprattutto se di piccola dimensione, dei costi addizionali rispetto a quelli sostenuti dai concorrenti, soprattutto stranieri, che operano in condizioni ambientali più favorevoli.

Spesso i distretti cercano di far fronte in modo innovativo a questi problemi. Ad Arzignano, ad esempio, nel distretto della lavorazione della pelle le associazioni industriali hanno creato con gli enti pubblici un servizio unico per la depurazione delle acque, consentendo quindi anche alle piccole imprese di usufruire del servizio ad un costo accessibile.

Nel caso di un paese come l'Italia, fortemente specializzato in produzioni ad alta intensità di trasformazione di materie prime e semilavorati, come quelle dei settori del made in Italy, un'importanza particolare hanno le infrastrutture di trasporto e il grado di interconnessione esistente tra di loro, compreso il sistema degli interporti.

La rete stradale in Italia, anche nelle aree a maggiore sviluppo, è diventata ormai insufficiente ed obsoleta rispetto alle necessità di un sistema industriale composto da molte piccole e medie imprese, distribuito quindi su tutto il territorio e non concentrato in pochi siti produttivi, con settori spesso organizzati secondo il modello distrettuale che a sua volta richiede una maggiore movimentazione dei semilavorati lungo le diverse fasi del ciclo di produzione. Si stima che in alcune aree dell'Italia settentrionale, per garantire lo stesso livello di servizio nelle consegne, le imprese siano costrette a sobbarcarsi un aumento di circa il 10% nei costi di lavoro, per evitare la congestione del traffico nelle ore di punta e lungo le principali vie di comunicazione.

Il gap infrastrutturale tra l'Italia e gli altri paesi europei tende purtroppo ad allargarsi. Un caso esemplare è rappresentato dai ritardi nella realizzazione della Pedemontana, la strada che dovrebbe collegare le regioni settentrionali, dal Piemonte al Friuli-Venezia Giulia, contribuendo a decongestionare l'attuale rete autostradale e il sistema delle tangenziali delle principali città del Nord.

Un altro esempio significativo dei ritardi del sistema dei trasporti è dato da Malpensa 2000, il grande scalo aeroportuale per il quale, a pochi mesi dalla data ufficiale di apertura (il mese di ottobre del 1998), non erano stati ancora realizzati i collegamenti previsti, via gomma e via ferro.

Ma il gap infrastrutturale con gli altri paesi europei riguarda anche la rete ferroviaria. Basti pensare che il tempo medio di percorrenza sulla linea Torino-Venezia è di circa 4 ore e 40 minuti (per circa 420 km), lo stesso tempo necessario per andare da Parigi a Marsiglia (780 km), e il doppio di quanto si impiegherebbe in Spagna per andare da Madrid a Siviglia (per una distanza di 470 km).

Per contro, il sistema portuale italiano sta recuperando significative quote di mercato rispetto ai principali scali concorrenti del Nord Europa e del Mediterraneo: è il caso soprattutto del porto di Gioia Tauro che ha visto triplicare nel 1997 il proprio traffico merci. In posizione strategica per i collegamenti del Nord Italia è poi il porto di Trieste, crocevia sulle rotte commerciali verso il Sud Est asiatico e verso l'Europa centrale, ma che sarà in competizione con il porto di Capodistria, soprattutto dopo l'ingresso della Slovenia nell'Unione europea. Ma anche nel caso del sistema portuale diventano cruciali le infrastrutture alle spalle dei porti: Genova, ad esempio, subisce pesantemente la concorrenza di porti come Rotterdam o Amburgo anche per la carenza delle linee ferroviarie che la collegano al resto dell'Europa.

Gravi ritardi si registrano anche per quanto riguarda le infrastrutture logistiche, compresi i terminali intermodali, necessari allo scambio delle merci ferrovia-gomma.

Spesso è proprio l'iniziativa privata che tende a sopperire alle inefficienze del sistema dei trasporti. Un caso interessante è rappresentato da Assocargo, una società recentemente costituita dall'associazione dei produttori di piastrelle del distretto di Sassuolo per coordinare le attività di movimentazione delle materie prime e dei prodotti finiti e fornire servizi logistici. Uno dei primi obiettivi sarà la realizzazione di un sistema di magazzini (i *transit points*) localizzati al di fuori del comprensorio per concentrare il carico/scarico dei prodotti e decongestionare la rete stradale. Ogni anno, infatti, il distretto movimenta 8 milioni di tonnellate di merci in entrata e circa altrettante in uscita.

Estremamente rilevante, dal punto di vista delle piccole e medie imprese e dei distretti del made in Italy è che vengano al più presto liberalizzati i mercati delle telecomunicazioni e dell'energia. Il processo di liberalizzazione del mercato delle telecomunicazioni è stato avviato, mentre sussistono forti rigidità nell'attuazione di una concreta apertura per i mercati dell'energia elettrica e del gas. Inoltre, il recepimento delle direttive europee in materia di liberalizzazione dei mercati dell'energia elettrica e del gas nella legislazione italiana dovrebbe tenere conto del fatto che l'impostazione data in sede comunitaria all'apertura dei due mercati rischia, senza adeguati provvedimenti attuativi da parte degli Stati nazionali, di avvantaggiare solo i grandi consumatori, penalizzando invece le piccole e medie imprese che costituiscono in particolare l'ossatura del made in Italy. Occorre dunque che il legislatore italiano non solo ponga fine ai due monopoli storici dell'energia elettrica (Enel) e del gas (Eni), ma anche che favorisca il libero accesso alle reti di trasporto (reti di trasmissione dell'energia elettrica e gasdotti) da parte di tutti gli operatori alternativi ai monopolisti e che consenta alle piccole e medie imprese dei distretti industriali eventualmente di associarsi in consorzi di acquisto sia per il gas che per l'energia elettrica affinché il mondo del made in Italy non rimanga ingiustamente ai margini dei processi di liberalizzazione di questi due mercati, con grave pregiudizio per la sua competitività internazionale.

Un'altra delle difficoltà che le Pmi italiane si trovano a dover affrontare, e che talvolta le penalizza rispetto ai concorrenti europei, è la mancanza di un efficiente sistema di sostegno alle esportazioni. Se è vero, infatti, che le piccole e medie imprese, soprattutto quelle operanti nei settori del made in Italy, costituiscono l'ossatura delle esportazioni italiane, è anche vero che le ridotte dimensioni possono talvolta rappresentare un ostacolo al loro ingresso nei mercati più difficili, dove è necessaria una massa critica tale da giustificare i costi dell'espansione commerciale.

Risulta quindi di grande importanza un'azione di sostegno a livello istituzionale che contribuisca ad abbattere eventuali barriere commerciali. Un altro aspetto critico è il sistema delle agevolazioni sui crediti all'export, sia dal punto di vista dei finanziamenti che da quello delle coperture assicurative, che è uno strumento fondamentale per sostenere l'espansione internazionale delle imprese. Rispetto a quello dei principali partner europei, in particolare Francia e Germania, il sistema italiano è meno efficiente sia per la quantità di risorse messe a disposizione, sia per il grado di copertura geografica degli istituti finanziatori, sia infine per la complessità dell'iter burocratico. In Germania, ad esempio, il tempo di risposta per ottenere una polizza assicurativa della Hermes, l'equivalente tedesco della Sace, può anche essere di un giorno, contro i 60 giorni necessari per una pratica Sace.

Il quadro tuttavia sta cambiando. In Italia è stato da poco avviato un processo di riforma che prevede anche l'autonomia gestionale e patrimoniale della Sace e l'ampliamento dell'operatività della Simest anche nel campo delle agevolazioni sul credito alle esportazioni, fino a questo momento di competenza del Mediocredito Centrale. Nello stesso tempo anche la Commissione europea sta cercando di mettere a punto una nuova disciplina comunitaria nell'ambito dell'assicurazione del credito all'export, per armonizzare i vari sistemi nazionali ed eliminare eventuali distorsioni alla concorrenza.

Un altro degli elementi critici per la vita delle piccole e medie imprese del made in Italy è rappresentato dal sistema della formazione, le cui carenze costituiscono talvolta un grosso ostacolo al buon funzionamento del mercato del lavoro. La prima carenza, più generale, riguarda la minor considerazione con cui si guarda oggi alla cultura e ai valori di impresa e che spesso porta a privilegiare sbocchi occupazionali alternativi all'industria. L'altra principale carenza è rappresentata dallo scollamento esistente tra esigenze del mercato del lavoro e formazione, sia di base che professionale. Questo scollamento è poi particolarmente sentito a livello locale, dove peraltro sarebbe anche più semplice coordinare in tempi rapidi le iniziative di formazione professionale con le necessità di risorsa-lavoro da parte delle imprese. Ed infatti è proprio a livello locale che negli ultimi tempi sono nate varie iniziative che si propongono di rafforzare i legami tra formazione e sistema produttivo, favorendo un miglior incontro tra domanda e offerta sul mercato del lavoro. A titolo di esempio, si possono citare la costituzione di una «banca dati delle professioni», messa a punto dalla Associazione Industriale di Pavia, o l'avvio di alcuni corsi di tessitura finanziati con il Fondo sociale europeo nell'area casertana, caratterizzata da un'alta concentrazione di aziende produttrici di tessuti di seta ma da una mancanza di personale qualificato, o, infine, la nascita di una scuola superiore per tecnici nel distretto marchigiano delle calzature.

5. *Casi distrettuali e casi aziendali di successo*

In questo capitolo ci soffermeremo su alcuni casi di successo particolarmente significativi relativi a distretti ed imprese del made in Italy.

Tutti certamente conoscono i marchi e i brillanti risultati di gruppi come Benetton o Armani e sono ormai famosissimi i casi di distretti «classici» come quello di Prato e Biella nel tessile o di Sassuolo nelle ceramiche. Ma il made in Italy propone continuamente nuovi protagonisti, forse meno conosciuti ma non meno importanti. Infatti, vi sono distretti che, pur essendo nati negli anni '50 o '60, soltanto nell'ultimo decennio si sono imposti prepotentemente sulla scena mondiale, raggiungendo dimensioni paragonabili a quelle di distretti da tempo affermati; lo stesso vale per molte aziende diventate rapidamente leader per il design, la qualità, il contenuto di innovazione dei loro prodotti.

Nel seguito ci occuperemo di cinque casi distrettuali. I primi due sono i distretti piemontese e bresciano della rubinetteria-valvolame. A Valduggia, una delle piccole capitali della rubinetteria e del valvolame in ottone del distretto del Cusio-Valsesia, esiste un'antichissima tradizione di fonderia delle campane che risale al 1400. All'inizio di questo secolo, si cominciarono a produrre i primi rubinetti. Il *know how* della lavorazione dell'ottone e del bronzo si diffuse a tutta la costiera occidentale del Lago d'Orta, soprattutto nel secondo dopoguerra, in concomitanza con la ricostruzione edilizia e il boom economico, e il distretto conobbe una formidabile accelerazione: da un paio di aziende fallite negli anni '50 fuoriuscirono intraprendenti operai e tecnici che diedero vita a imprese proprie di successo. Non molto dissimile è la storia del distretto della rubinetteria-valvolame di Lumezzane, un'altra area caratterizzata da una lunga tradizione nella lavorazione dell'ottone.

La storia del distretto della calzatura sportiva di Montebelluna (in provincia di Treviso) coincide invece con la storia mondiale dello scarpone. Tanti eventi si sono succeduti dalla fine del secolo scorso, quando i primi calzolai della zona cominciarono a specializzarsi in questo particolare tipo di calzatura: si è passati dagli scarponi in pelle (per montagna e sci) a quelli in plastica (dando vita anche a un forte indotto locale di aziende specializzate nella lavorazione delle materie plastiche), dalle scarpe da tennis sino ai moderni pattini a rotelle, i famosi *rollerblades*.

Le vicissitudini del distretto bolognese delle macchine per confezionamento e imballaggio dimostrano che il made in Italy può essere anche sofisticata tecnologia d'avanguardia. In questo settore l'Italia è ormai affermata quanto la Germania. Lo stesso vale, per molti altri tipi di macchine strumentali: da quelle per lavorare il legno a quelle per le industrie delle ceramiche, delle pelli e delle materie plastiche, dal meccanotessile alle macchine per le industrie alimentari.

Ma i distretti industriali non esistono solo nel Nord e nel Centro Italia. Nella Murgia, a cavallo tra le province di Bari e Matera, si è formato negli ultimi trent'anni il più importante polo mondiale dei mobili imbottiti in pelle, trascinato dall'irresistibile ascesa del Gruppo Natuzzi. Il fondatore dell'azienda, Pasquale Natuzzi, è ormai famoso nel mondo come il re dei divani.

Il prestigio del made in Italy non è alimentato soltanto dai creatori dell'alta moda. Diversi casi aziendali di successo dimostrano infatti che lo stile e la creatività non sono una prerogativa esclusiva dell'industria dell'abbigliamento, ma anche di molte produzioni dell'arredo-casa caratterizzate da elevati profili di qualità e design, nonché da un alto grado di innovazione nell'impiego dei materiali e dei colori: la notevole crescita di un'impresa che ha fortemente puntato su questi fattori, la Alessi, è a questo riguardo particolarmente emblematico.

I distretti piemontese e bresciano della rubinetteria-valvolame

Sino alla metà degli anni '90 un censimento completo dell'importanza economica dei due maggiori distretti mondiali della rubinetteria-valvolame in ottone e bronzo, quello del Lago d'Orta-Valsesia (a cavallo tra le province di Novara e Vercelli) e quello di Lumezzane (in provincia di Brescia) non era mai stato effettuato. Una ricerca svolta congiuntamente dal Cranec dell'Università Cattolica di Milano e dall'Ufficio Studi Montedison, con la collaborazione dell'Avr (l'Associazione italiana dei produttori di rubinetteria e valvolame), ha finalmente posto fine a questa lacuna, facendo emergere una realtà di grande rilevanza sotto il profilo occupazionale, della creazione di ricchezza e dell'export. Per questa ragione tratteremo qui in modo un po' più esteso il caso di questi due distretti, il cui boom prosegue ininterrotto da un decennio.

In base ai dati dell'Avr, nel 1996 l'industria italiana della rubinetteria-valvolame (inclusa quella in acciaio) ha fatturato circa 6.000 miliardi, occupando 16.200 addetti. Ciò senza considerare l'indotto, costituito dagli stampatori, dai fonditori, dalle imprese di cromatura e pulitura, dai produttori di componenti ed accessori quali guarnizioni, sedi di valvole in Ptfe (un polimero fluorurato particolarmente resistente), viterie, tubi flessibili per docce e lavabi, ecc. Se, grazie a questa specializzazione, il consumo *pro capite* di barra di ottone dell'Italia è già più che doppio di quello del secondo paese utilizzatore, la Germania (9,2 kg contro 4,4 kg nel 1996), si può stimare che nei due maggiori distretti italiani della rubinetteria-valvolame tale cifra arrivi addirittura ad alcuni quintali per abitante: si tratta indubbiamente della più grande concentrazione geografica di consumo di ottone rilevabile al mondo, un po' come accade per Biella e Prato con la lana, per Como con la seta e per Arezzo e Vicenza con l'oro.

Secondo la ricerca Cranec-Montedison, il distretto della rubinetteria-valvolame del Piemonte Nord Orientale (un vero «Nord Est» nel Nord Ovest per dinamismo e proiezione sui mercati mondiali) ha realizzato nel 1995 un fatturato di circa 2.200 miliardi di lire, di cui 1.400 destinati all'esportazione, con una occupazione diretta stimata in più di 6.000 addetti. Le aziende censite dalla ricerca sono risultate 170, di cui solo 11 con un fatturato superiore ai 40 miliardi di lire. La quota di fatturato del distretto detenuta dalle prime 16 aziende è risultata pari al 45-50% circa. L'indotto, le cui dimensioni sono ancora da valutare esattamente, è certamente molto rilevante.

Le cifre del distretto bresciano, localizzato intorno a Lumezzane, indicano invece per il 1995 un fatturato complessivo di 1.800 miliardi di lire, la metà del quale esportato, con una occupazione di oltre 4.000 addetti. Le aziende bresciane analizzate dalla ricerca sono 130, otto delle quali con un fatturato superiore ai 40 miliardi. Le prime 16 imprese del distretto detengono una quota pari al 40% del fatturato globale dell'area.

Nel 1996 vi è stata una temporanea stagnazione del giro d'affari in entrambi i distretti, mentre nel 1997 la produzione, ben sorretta dall'export, dovrebbe aver fatto registrare un incremento generalizzato superiore al 10%. A dati 1997 i fatturati dei due distretti dovrebbero quindi essere saliti a circa 2.400 miliardi nel caso del polo piemontese e intorno ai 2.000 miliardi nel caso di quello bresciano.

Entrambi i distretti piemontese e bresciano producono essenzialmente rubinetteria sanitaria e valvolame in ottone e bronzo, salvo qualche caso di aziende specializzate in valvolame in acciaio (come, ad esempio, la Fasani di Briga Novarese). Nel distretto del Lago d'Orta e della Valsesia vi è un certo equilibrio tra le due produzioni principali: in termini di valore del prodotto, il 57% del totale è infatti costituito da rubinetteria sanitaria, mentre il 43% da valvolame. Nel bresciano la produzione di valvolame è invece preponderante (80% del valore totale), seguita a maggiore distanza da quella di rubinetteria sanitaria in ottone cromato (20%). L'export rappresenta una quota molto rilevante del fatturato delle imprese di questi due distretti: mediamente superiore al 60% delle vendite con punte d'eccellenza intorno all'80-90% e addirittura casi limite vicini al 100%.

Nell'ambito del distretto piemontese le aziende leader nel comparto del valvolame in ottone e bronzo (prevalentemente a sfera) sono: Giacomini, Caleffi, Cimberio, Rastelli, Pettinaroli e Valvoindustria Ingegner Rizzio (Vir).

La Giacomini di San Maurizio d'Opaglio è stata fondata nel 1951 da Alberto Giacomini coadiuvato dai fratelli Gianni, Mario e Piero. Alberto Giacomini, come tanti suoi colleghi, è praticamente partito dal nulla: il primo tornio con cui ha cominciato a lavorare era collocato in un locale messo a disposizione da una zia ad Alzo, una piccola cittadina vicina a quella ove si trova l'attuale sede del gruppo. La crescita della Giacomini, che nel 1995 ha fatturato 255 miliardi di lire, è stata impressionante: le esportazioni rappresentano ormai oltre l'80% del giro d'affari complessivo, che nel 1997, dopo un 1996 in lieve flessione, dovrebbe essere ritornato intorno ai 255 miliardi. Recentemente la Giacomini ha anche avviato un nuovo stabilimento per la produzione di tubi in materie plastiche per impieghi nel settore idrotermosanitario. Il gruppo possiede inoltre un'importante stamperia a Castelnuovo, in provincia di Verona, e una scuola tecnica a San Maurizio d'Opaglio che costituisce anche un innovativo strumento di marketing: basti pensare che negli ultimi 6-7 anni questa scuola è stata visitata da oltre 10.000 installatori e architetti italiani e stranieri.

La Caleffi di Fontaneto d'Agogna è la seconda impresa in assoluto del distretto per volume del fatturato: 129 miliardi di lire nel 1997. È un gruppo specializzato in valvole di elevato contenuto tecnologico che è attivo in un'ampia gamma di prodotti quali i componenti per impianti idrotermici, l'antinquinamento, i sistemi di contabilizzazione del calore. La Caleffi controlla anche la più importante stamperia della zona, la Pressco di Invorio.

Nel comparto del valvolame operano nel distretto anche leader di nicchia: ad esempio, la Rastelli (54 miliardi di fatturato nel '97), che ha mantenuto una spiccata specializzazione nelle tradizionali valvole a saracinesca (un prodotto ritenuto a torto «superato» e che ha invece conservato propri ben definiti ambiti di applicazione), mentre la Vir (40 miliardi di fatturato nel '95, oggi vicina ai 50) domina le esportazioni mondiali di valvole a sfera verso il mercato statunitense. Cimberio e Pettinaroli sono due aziende storiche, capitanate da tenaci imprenditori che hanno saputo esportare i loro prodotti in tutto il mondo. Renzo Cimberio, il cui gruppo nel 1997 ha fatturato 80 miliardi di lire, presenta con un certo orgoglio il proprio bilancio consolidato: una elegante pubblicazione a stampa ricca di grafici, indici e serie storiche degna di una grande società quotata. La Pettinaroli si è molto ingrandita, con gradualità, passo dopo passo, sotto la spinta dei due fratelli fondatori, Giuseppe e Mario, e della moglie di Giuseppe, Laura Fortis. La società, che ha chiuso il 1997 con un fatturato intorno ai 50 miliardi di lire, esporta in oltre 30 paesi, ma ha anche importanti clienti italiani come De Longhi.

Nel settore della rubinetteria sanitaria il distretto piemontese possiede tre imprese maggiori: Paini, Zucchetti e Nobili. Seguono Paffoni, Ottone e Meloda, Cisal, Rubinetterie Cristina, Rubinetterie Fratelli Frattini e Raf Rubinetterie. La Visentin di Pogno ha inoltre assunto una posizione di primo piano sul mercato degli accessori e delle docce. Paini e Zucchetti (109 miliardi di fatturato nel '97 la prima, 85 miliardi la seconda) sono aziende da tempo affermate, con prodotti di elevata qualità e design. Sono le due aziende leader di due comuni storici della rubinetteria cusiana: rispettivamente, Pogno e Gozzano. Zucchetti possiede anche una stamperia ad Antegnate, in provincia di Bergamo. La Nobili (77 miliardi di fatturato nel '97) si è resa a sua volta protagonista di una notevole crescita negli ultimi anni e possiede oggi uno degli stabilimenti più avanzati al mondo nel suo settore.

Come in molti altri distretti del made in Italy, anche in quello novarese-valsesiano della rubinetteria e del valvolame non esiste praticamente disoccupazione. Le aziende locali danno lavoro anche alle popolazioni dei comuni limitrofi sino a parecchi chilometri di distanza. Il comune del distretto con il maggior numero di persone occupate nel settore è San Maurizio d'Opaglio (1.527 addetti diretti nel 1994 secondo il censimento Cranec-Montedison, senza considerare l'indotto), una industriosa cittadina che ospita anche un «museo del rubinetto». Seguono i comuni di Gozzano (892 addetti diretti), Pogno (604), Fontaneto d'Agogna (420), Valduggia (363), Pella (339), Borgomanero (254), Briga Novarese (246) e Invorio (218).

I dati aggiornati al 1996 indicano presenti nel distretto novarese-valsesiano della rubinetteria-valvolame 4 grandi imprese con più di 250 addetti: Giacomini (704 addetti), Caleffi (350), Zucchetti (299) e Paini (254). Seguono 11 medie imprese di grandi dimensioni con più di 100 addetti: Carlo Nobili (177), Cimberio (173), Paffoni (147), l'azienda novarese Rubinetterie Stella (134), un po' decentrata rispetto al distretto vero e proprio, Pettinaroli (138), Ottone e Meloda (133), Cisal (125), Raf (115), Vir (114), Rastelli (109) e Fard (103 nel '95). Vi sono poi altre 12 medie imprese più piccole (da 50 a 99 addetti), tra cui le maggiori sono Fasani, Frattini, Cristina, Visentin, Fornara e Maulini, Ivr, nonché 11 aziende piccole di taglia comunque significativa (da 30 a 49 addetti), a volte estremamente specializzate: la V.A. Albertoni, ad esempio, è un'impresa specializzata nella rubinetteria per sottolavabo, mentre la Huber lo è nei miscelatori termostatici.

Nel distretto bresciano della rubinetteria-valvolame, secondo l'indagine Cranec-Montedison effettuata sui bilanci 1995, vi è invece solo una grande impresa, la Sabaf (261 addetti), che produce peraltro rubinetteria speciale e quindi andrebbe considerata a parte. Troviamo poi 28 imprese medie (da 50 a 249 addetti), 53 piccole imprese (10-49 addetti) e 27 microimprese (meno di 10 addetti). Il comparto del valvolame è ben rappresentato da alcune dinamiche aziende famigliari come Itap (77 miliardi di fatturato nel '95), Rubinetterie Bresciane Bonomi (54 miliardi), Enolgas Bonomi (38 miliardi), Rbm (36 miliardi), Pel Pintossi (36 miliardi), Effebi (35 miliardi), Siral (33 miliardi), Tiemme Raccorderie (32 miliardi) e Valvosanitaria Bugatti (31 miliardi), mentre nel comparto della rubinetteria sanitaria cromata le società leader sono Bossini (43 miliardi di fatturato nel '95), Sol (38 miliardi) e Teorema (38 miliardi). Un'impresa, la Gnutti Sebastiano & Figli (45 miliardi di fatturato), produce sia rubinetteria sanitaria che valvolame. Anche in questo distretto la percentuale di fatturato esportato è molto alta, con molte imprese che vendono all'estero più del 60-70% della propria produzione.

Grazie all'eccezionale crescita di questi due distretti industriali, ma anche di diverse aziende presenti nel milanese, nel mantovano e in Toscana, il settore italiano della rubinetteria-valvolame in ottone e bronzo si è imposto negli anni '90 ai vertici mondiali. La mostra-convegno Expocomfort, che si tiene regolarmente a Milano, è diventata la più importante esposizione internazionale del settore assieme alla grande fiera di Francoforte: i rubinetti e le valvole sfilano ormai in passerella come le giacche e le gonne dell'alta moda; anche in questo campo il made in Italy ha conquistato l'ennesimo primato.

Il distretto della calzatura sportiva di Montebelluna

Punto di raccordo fra le montagne del bellunese e la pianura del trevigiano, distante solo una cinquantina di chilometri da Venezia, Montebelluna è noto a tutti come il centro mondiale della calzatura sportiva. Da quest'area di poco più di 300 chilometri quadrati, comprendente 15 comuni, proviene il 65% della produzione mondiale di scarponi da sci, il 65% di quella di doposci e l'80% di quella di stivali da motociclismo. Sempre dal distretto di Montebelluna origina l'80% della produzione italiana di scarpe da calcio e di pattini da ghiaccio e a rotelle, il 60% delle scarpe da ciclismo, il 45% di quelle da basket. Per non parlare delle scarpe da montagna, settore in cui il distretto rappresenta il 62% dell'intera produzione europea.

A Montebelluna si concentrano tutti i marchi più prestigiosi (Nordica oggi Benetton, Diadora, Dolomite, Lotto, Tecnica, Scarpa) e le principali multinazionali del settore, dalla Nike (che ha rilevato la Canstar, ora Bauer, leader mondiale nella produzione di pattini da hockey), alla Rossignol (che controlla la ex Caber), alla Lange e alla Salomon recentemente rilevata dalla Adidas.

La tradizione calzaturiera dell'area risale al secolo scorso: nel 1872 a Montebelluna si potevano contare 55 calzolai su una popolazione di circa 8.000 abitanti. A quel tempo si lavorava soprattutto per i boscaioli che richiedevano scarpe rudi, ma robuste, per salire al Montello a recuperare il legname; fu solo con l'inizio del nuovo secolo e l'arrivo dei primi turisti dalle città venete che gli artigiani del posto ebbero l'occasione di affinare la propria produzione realizzando interamente a mano i primi modelli di scarponi da montagna. Nel 1902 a Montebelluna una famiglia su otto faceva scarpe.

Di lì a poco sarebbe scoppiata la prima guerra mondiale che trovò proprio nelle vicine Dolomiti il teatro degli scontri più lunghi e sanguinosi: i laboratori montelliani iniziarono così a produrre scarpe dalla suola in cuoio ricoperta di chiodi che avrebbero permesso ai militari italiani di muoversi sui ghiacci delle montagne con maggiore sicurezza. Ad ogni modo la logorante guerra di trincea non portò appalti consistenti alle imprese del posto che, a causa delle loro ridotte dimensioni, non riuscirono che ad aggiudicarsi forniture contenute o di immediata necessità.

L'evoluzione delle scarpe da montagna proseguì nel dopoguerra con il diffondersi degli sport invernali e dello sci alpino in particolare: il tradizionale scarpone andava modificandosi sempre più, perdendo dapprima il tacco, poi i lacci (che furono sostituiti con dei ganci) e acquisendo una punta meno arrotondata e per questo meglio predisposta all'attacco anteriore dello sci. Questo articolo, un tempo assai spartano, diventava via via sempre più tecnico rispondendo alle mutate esigenze di un mercato in rapida evoluzione. Ma la vera «rivoluzione» fu rappresentata dai nuovi materiali: la plastica. Nell'inverno tra il 1964 e il 1965 un tecnico americano delle materie plastiche (Bob Lange) realizzò lo scafo dello scarpone da sci facendo colare in uno stampo uno speciale tipo di poliuretano, un materiale sintetico rigidissimo. L'epoca del pionierismo era ormai terminata e una nuova stagione industriale si apriva per i produttori montebellunesi.

Con l'avvento dei materiali sintetici si presentarono anche le prime barriere all'entrata in questo sistema produttivo fino ad allora estremamente semplice: la sola maestria del calzolaio ormai non bastava più, ma si rendevano necessari ingenti investimenti fissi in costosi impianti di stampaggio e in laboratori di ricerca che consentissero di progredire negli studi tecnici realizzando prodotti sempre più sofisticati e all'avanguardia.

Pur credendo nelle nuove tecnologie, non tutti gli operatori del luogo ebbero ovviamente la possibilità di sostenerne i costi e così alcuni passarono a produzioni a minor intensità di capitale e contenuto tecnologico, come i doposci, le scarpe da tennis o quelle da calcio.

Anche gli ultimi vent'anni, infine, hanno riservato grossi cambiamenti al settore calzaturiero di Montebelluna. Legato alla conversione tecnologica dal cuoio alla plastica, si è sviluppato a partire dall'inizio degli anni '70 un fenomeno di decentramento delle fasi produttive più semplici e a più alta densità di manodopera dalle imprese di maggiori dimensioni a quelle più piccole che, a loro volta, si sono sempre più avvalse della collaborazione di lavoratori a domicilio e di laboratori artigianali contribuendo alla diffusione di singole specializzazioni e realizzando in questo modo quelle «economie esterne» proprie di un vero distretto industriale. A questa forma di decentramento, che rimaneva comunque interna al distretto, se ne aggiunse ben presto un'altra più preoccupante per gli addetti del settore: la possibilità di disporre di una manodopera a basso costo al di fuori del nostro paese, fattore che ha spinto sin dai primi anni '80 i produttori locali a spostare prima nei paesi del Sud Est asiatico e più recentemente in quelli dell'Europa orientale intere linee produttive. In netta controtendenza con la tradizione di Montebelluna, Lotto e Diadora furono i primi ad adottare la strategia del «progettare in Italia e realizzare all'estero». Ancora una volta furono i piccoli laboratori artigianali a soffrire maggiormente di questi profondi mutamenti, ma in questo caso ne andava della sopravvivenza dell'intero sistema produttivo costretto a sfruttare ogni occasione per potersi cimentare da protagonista sulla scena della competizione globale.

E sempre in nome della competizione su larga scala, il distretto dovette affrontare un'altra realtà: la concentrazione dei marchi. Solo raggiungendo una adeguata «massa critica» le imprese del distretto avrebbero potuto confrontarsi con produttori stranieri dotati di strutture produttive e commerciali di dimensioni ragguardevoli. Il primo passo in questa direzione fu fatto dal Gruppo Benetton, che, attraverso la Benetton Sportsystem, ha acquistato a partire dal 1989 Nordica, Asolo, Prince, Kastle e Rollerblade. In seguito, sulla via indicata dal gruppo di Ponzano Veneto, anche altri gruppi internazionali hanno messo le proprie radici a Montebelluna riconoscendone la funzione di centro propulsore di ogni innovazione nel settore della calzatura sportiva: è il caso della Rossignol, del gruppo Htm (Head, Tyrolia, Mares) e, come si è detto precedentemente, del colosso americano Nike.

Ma come si presenta oggi questo distretto industriale? Secondo l'ultimo rapporto Osem, nel 1996 erano presenti sul territorio dei 15 principali comuni del distretto di Montebelluna (Altivole, Asolo, Caerano, Castelcucco, Castelfranco, Cornuda, Crocetta, Giavera, Maser, Montebelluna, Nervesa, Pederobba, Trevignano, Vidor, Volpago) 397 fra calzaturifici e tomaifici, con un'occupazione complessiva di oltre 7.600 persone. Considerando anche i comuni minori e l'indotto, ossia il variegato universo di aziende specializzate in singole lavorazioni di fase o di prodotto, il distretto comprende 623 ditte per un totale di 9.255 addetti.

Con 103 aziende e 1.950 addetti nel 1996, Montebelluna rimane perno indiscusso dell'intero distretto, seguito da Trevignano, Maser, Caerano di S. Marco e Altivole quali comuni con il maggior numero di occupati nel settore. Il fatturato totale del settore calzaturiero del distretto ha sfiorato nel 1996 la soglia dei 2.100 miliardi di lire. Va precisato che questa cifra si riferisce al solo settore calzaturiero perché da alcuni anni a questa parte i produttori del distretto hanno iniziato a diversificare la loro produzione realizzando anche abbigliamento sportivo e non: a quest'ultima componente si devono circa altri 350 miliardi di lire che, sommati ai precedenti, portano il fatturato totale del distretto a più di 2.400 miliardi. Sul versante della produzione i volumi complessivi hanno raggiunto nel 1995 e nel 1996 cifre dell'ordine di 37-38 milioni di paia; quello delle scarpe da montagna si conferma essere il principale comparto produttivo (5,7 milioni di paia nel '96) seguito da quello delle calzature specialistiche (5 milioni di paia di scarpe da calcio e 4,4 milioni di paia di scarponi da sci) e da quello di scarpe per il tempo libero. Tra i prodotti in espansione si segnalano gli stivali da motociclismo e i pattini, che rappresentano oggigiorno rispettivamente il 3% e il 16% del volume d'affari complessivamente raggiunto dalla produzione calzaturiera locale. Nei pattini, la nuova concezione delle ruote allineate (i famosi *rollerblades*) ha fatto letteralmente schizzare le vendite a livelli tre volte superiori rispetto a quelli del 1992-1993.

Ad ogni modo, malgrado i record produttivi e le nuove linee di prodotti, segnali di un certo pessimismo hanno iniziato a diffondersi fra gli operatori del distretto. La debole intonazione della domanda interna, la chiusura di alcuni mercati esteri (quello giapponese innanzitutto), nonché la concorrenza dei paesi a basso costo di manodopera non consentono infatti di formulare previsioni particolarmente rosee per i prossimi 2-3 anni. Ancora una volta il distretto di Montebelluna si trova di fronte a un ciclo difficile che potrà essere affrontato solo grazie a una rinnovata capacità di adattamento e di innovazione.

Il distretto bolognese delle macchine per imballaggio

La provincia di Bologna è la capitale della produzione italiana di macchine automatiche per il confezionamento e l'imballaggio, tanto da meritarsi il nome di Packaging Valley. Quasi l'80% delle aziende italiane impegnate in questo settore della meccanica strumentale sono infatti localizzate in Emilia-Romagna e per la maggior parte nei dintorni del capoluogo regionale.

La principale funzione d'uso delle macchine per confezionamento e imballaggio è quella del «contenimento». Le varie macchine possono svolgere funzioni specifiche di «condizionamento» o «dosatura», cioè il contenimento del prodotto grezzo (come ad esempio l'inserimento del tè negli appositi filtri, l'immissione di preparati farmaceutici in una capsula o di tabacco nella carta delle sigarette), di «confezionamento», ossia di raggruppamento dei prodotti già confezionati in un unico involucro di dimensioni medio-piccole (si pensi al confezionamento di più bustine di tè in un'unica scatola) e di «imballaggio», vale a dire l'operazione di ordinare ed assemblare un certo numero di confezioni in modo da poterle immagazzinare e trasportare in grandi quantità.

Le radici storiche del distretto bolognese del packaging risalgono alla fine dell'Ottocento, anche se lo sviluppo vero e proprio del distretto ha inizio solo intorno agli anni '30 di questo secolo. Il contesto è quello della crescita dell'industria meccanica in Emilia-Romagna, che inizia a diffondersi solo verso la fine del secolo scorso favorita dalla presenza nella città di Bologna di un primario centro di formazione tecnica come l'Istituto Aldini Valeriani, il cui scopo era quello di fornire agli allievi le conoscenze teoriche di base necessarie non solo per usare certe macchine ma anche per saperle progettare. Da questa scuola, sorta nel 1878 per opera dei due fondatori Giovanni Aldini e Luigi Valeriani (fisico sperimentale il primo, economista il secondo), ma sostenuta fermamente anche dalle istituzioni locali e dai rappresentanti delle associazioni artigiani e industriali bolognesi, uscirono i primi imprenditori dell'industria meccanica della zona.

In un certo qual modo le origini del packaging in Italia possono essere fatte risalire alla fine dell'Ottocento quando attorno a Bologna erano presenti alcune fabbriche impegnate nella produzione di scatole metalliche destinate al confezionamento di prodotti alimentari come la mortadella. Nella prima metà del '900 le aziende emiliane produttrici di macchine per imballaggio di grandi dimensioni erano peraltro soltanto due: l'Acma (Azionaria Costruzioni Macchine Automatiche) fondata nel 1924 e «progenitrice» di molte altre imprese e la Sasib, nata nel 1933 ed inizialmente specializzata nella realizzazione di congegni elettromeccanici per il segnalamento ferroviario. Negli anni seguenti, più che le commesse ottenute durante il periodo bellico, il fattore che maggiormente trascinò lo sviluppo dell'industria bolognese del packaging fu la necessità avvertita da tutto un insieme di industrie (alimentari, farmaceutiche, chimiche, del tabacco, ecc.) di meccanizzare alcune fasi lavorative fino ad allora svolte manualmente, con l'obiettivo principale di ridurre i costi della manodopera. Oltre alla riduzione del costo del lavoro, l'introduzione di queste macchine automatiche portò alle imprese anche altri vantaggi. Basti pensare alla logistica e alla distribuzione nel settore dei prodotti alimentari, la cui vendita al dettaglio è stata letteralmente rivoluzionata dall'avvento del packaging: grazie ai nuovi imballaggi, infatti, i prodotti delle industrie alimentari sono stati resi più maneggevoli; è stato ridotto il loro ingombro e ne è stata favorita pertanto la commercializzazione, senza considerare poi le migliorate condizioni igieniche e di conservazione. È stata dunque la crescente richiesta di macchine specifiche da parte delle diverse industrie a determinare, negli anni che vanno dalla fine della seconda guerra mondiale ai primi anni '80, la diffusione in Emilia-Romagna di una nuova imprenditoria legata alla produzione di macchine automatiche.

Ma come si è giunti alla formazione di un sistema industriale composto da numerose aziende partendo da due sole realtà imprenditoriali come quelle prima ricordate? Il percorso, illustrato da Vittorio Capecchi dell'Università di Bologna in un suo recente studio, è stato quello della «gemmazione» di più aziende da un'azienda madre, che nel caso specifico fu l'Acma. L'esempio senza dubbio più significativo è quello di Ariosto Seragnoli che, dopo aver lavorato all'Acma come operaio elettricista, accetta la proposta del cugino Enzo di entrare a far parte con lui della Gd, ditta fondata nel 1923 e specializzata nella produzione di biciclette e motociclette, nonché di loro parti di ricambio. Trascorso il periodo bellico, durante il quale la Gd si era dedicata alla produzione di parti d'armi meccaniche e di motori per le forze armate, l'azienda affronta un processo di riconversione industriale mettendo a frutto le capacità inventive di Ariosto Seragnoli: la prima macchina automatica prodotta dalla Gd, e presentata a Milano nel 1946 in occasione di una fiera, è un'incartatrice idraulica per tavolette di cioccolata. Da allora vi è stata una crescita pressoché ininterrotta del Gruppo Seragnoli, che è diventato una realtà leader a livello mondiale nel settore delle macchine per confezionamento e imballaggio. Dalle macchine per incartare tavolette di cioccolata, a quelle per confezionare caramelle in stick, fino alle più recenti e sofisticate produzioni, l'azienda bolognese è passata attraverso più fasi, affrontando l'era dell'elettronica, delle competenze ingegneristiche ad essa collegate e della serrata concorrenza dell'industria giapponese.

Oggi, Gd spa e Acma spa sono le principali società del Gruppo Seragnoli, che si distingue per elevati livelli di redditività (335 miliardi di lire di utile operativo netto nel 1995 su un fatturato complessivo di 964 miliardi, di cui i tre quarti circa realizzati proprio dalla Gd). Leader europea nella fabbricazione di macchine per l'impacchettamento di sigarette, Gd spa ha chiuso il 1996 con un fatturato di 760 miliardi di lire (più 22% rispetto all'anno precedente), un risultato d'esercizio di 88 miliardi e un ritorno sulle vendite (Ros) del 28% circa. I dipendenti in forza all'azienda bolognese sono passati dai 1.514 del 1991 ai 2.662 del '96, di cui ben 200 lavorano nell'area ricerca e sviluppo. La produzione è destinata quasi esclusivamente all'estero (circa il 98%) dove l'azienda è presente in modo marcato: la Gd spa possiede dal 1981 uno stabilimento in Virginia negli Stati Uniti, ha acquisito recentemente l'americana Gum Division e possiede uffici in Cina ad Hong Kong, Canton, Ku-Ming già da parecchi anni. Per far fronte alle possibili conseguenze delle campagne antifumo condotte in tutti i principali paesi occidentali, la famiglia Seragnoli, che può vantare come suoi clienti tutti i nomi più prestigiosi dell'industria mondiale del tabacco, ha diretto la sua attenzione verso i paesi dove il consumo di tabacco è invece in crescita, come l'Europa dell'Est, Turchia, Indonesia e Cina. L'azienda sta ora investendo nell'innovazione delle macchine per il confezionamento dei pannolini e in quelle per l'impacchettamento delle banconote, comparto nel quale è peraltro già prima al mondo. Di rilievo anche i dati di Acma spa, il cui fatturato è cresciuto dai 98 miliardi circa del '91 ai

128 del 1996: i dipendenti sono oggi 796, 175 in più del 1991.

L'altra azienda pioniera prima menzionata accanto all'Acma è la Sasib: oggi controllata dal Gruppo De Benedetti, la Sasib è tra le maggiori imprese impegnate nel confezionamento di sigarette in pacchetti morbidi, è leader mondiale nel packaging della pasta e nelle attività legate alla trasformazione e conservazione di pomodori e frutta, nonché terzo produttore al mondo nel packaging per bevande.

Un altro esempio particolarmente interessante di nascita di una nuova azienda per «gemmazione» è quello dell'imprenditore Andrea Romagnoli, il quale, dopo aver studiato all'Istituto Aldini Valeriani ed essersi formato presso la Gd sotto la guida di Ariosto Seragnoli, ha fondato nel 1961 l'Ima (Industria Macchine Automatiche). Dalla prima macchina per uova di cioccolato lanciata nei primissimi anni '60, l'azienda con sede a Ozzano dell'Emilia ha oggi raggiunto la leadership nella produzione di macchine automatiche per il confezionamento del tè in bustina e ha diversificato la propria attività realizzando macchinari per il settore farmaceutico e della cosmetica. I 378 miliardi di lire di fatturato nel 1996 e i suoi 1.679 dipendenti indicano chiaramente la consistenza di questa impresa.

Un percorso analogo è stato quello seguito da Natalino Corazza, fondatore della società omonima: prima studente dell'Aldini Valeriani, poi operaio specializzato all'Acma e da ultimo imprenditore. La sua attività in proprio inizia come riparatore di macchine automatiche per passare poi, intorno alla metà degli anni '50, alla produzione vera e propria di macchinari per il confezionamento di dadi per il brodo, burro e formaggio fuso. Vincendo la concorrenza dei produttori tedeschi, le Officine Meccaniche Corazza (42 miliardi di lire il fatturato nel '96, 38 miliardi il valore delle esportazioni e 302 gli addetti), sono oggi leader mondiale nella produzione di macchine per il confezionamento dei formaggini.

Aziende ugualmente interessanti, anche se di più piccole dimensioni, sono la Mg2 e la Nuova Fima Imballaggi, entrambe all'avanguardia nei rispettivi settori operativi. La Mg2 è altamente specializzata nella realizzazione di macchine riempitrici di capsule farmaceutiche di gelatina dura: dopo anni di ricerca, l'azienda (23 miliardi di lire di fatturato nel 1996 e 97 dipendenti) produce ora macchine capaci di dosare con grandissima precisione il peso netto dei preparati farmaceutici all'interno di ogni singola capsula. Non meno innovativi sono i risultati ottenibili da una delle macchine prodotte dalla Nuova Fima, impegnata nel settore delle incartatrici automatiche: si tratta di un unico macchinario in grado di incartare i cioccolatini in tanti modi diversi. In questo modo i grandi produttori di queste specialità dolciarie evitano la necessità di possedere tante macchine differenti quanti sono i tipi di incarto desiderati.

Abbiamo ricordato solo alcuni casi aziendali significativi del distretto bolognese delle macchine per imballaggio: un distretto che è oggi caratterizzato da un notevole grado di flessibilità nei rapporti interaziendali. La Gd spa e la Ima spa, ad esempio, si sono di fatto sviluppate secondo un processo di progressiva articolazione in diverse imprese (relativamente autonome anche se sempre riconducibili ad un'unica proprietà), favorendo così la diffusione di reti aziendali meno formali delle solite strutture gerarchiche tipiche dei grandi gruppi. Inoltre, in aggiunta ai maggiori attori industriali del distretto si è sviluppato tutto un aggregato di numerose altre aziende di dimensioni medio-piccole le cui produzioni si sono rivelate complementari a quelle dell'industria locale del packaging. L'esistenza di una complessa realtà della subfornitura è confermata da una ricerca condotta già nel 1987 da Biggiero e Forni, che evidenziava come le industrie emiliane del packaging decentrassero circa la metà delle lavorazioni meccaniche, il 60-70% dei lavori di elettronica ed in misura molto minore altre funzioni aziendali come quelle commerciali e di marketing, l'assemblaggio e il collaudo.

Al pari di altri distretti industriali impegnati in produzioni «tradizionali», anche quello bolognese delle macchine per il confezionamento e l'imballaggio ha incontrato nell'avvicendamento delle tecnologie i momenti più delicati del proprio ciclo di vita; nel caso specifico, l'introduzione dell'elettronica nella gestione di alcune fasi d'uso delle macchine avvenuta nei primi anni '80 ha consentito a Bologna e alle sue industrie di tenere testa ai maggiori concorrenti stranieri nella sfida della competizione globale. Nel confronto con l'industria giapponese e con quella tedesca, l'industria emiliana del packaging si è infatti difesa egregiamente, dimostrando una notevole capacità di adattamento e di innovazione.

Il distretto pugliese del mobile imbottito

Strategia di nicchia in un comparto tendenzialmente ad alto valore aggiunto, consolidata tradizione artigiana, qualità di prodotto, forte vocazione all'export e propensione agli investimenti. E ancora: un'organizzazione industriale efficiente basata sul ruolo centrale dell'imprenditore, un mercato del lavoro ben funzionante e un contesto sociale collaborativo. Proprio come accade nei numerosi distretti industriali del Nord e del Centro, sono questi i principali fattori che determinano il successo dell'industria dei salotti della Murgia, a dimostrazione che anche il Mezzogiorno d'Italia, malgrado l'arretramento infrastrutturale che lo caratterizza, può ospitare sistemi produttivi locali particolarmente dinamici e competitivi a livello internazionale.

Fra i casi di aree ad alta intensità imprenditoriale e forte specializzazione produttiva presenti al Sud (come Solofra in provincia di Avellino per quanto riguarda la concia del cuoio o Barletta per la fabbricazione di calzature), quello pugliese dei mobili imbottiti è senza dubbio l'esempio più significativo. Nell'area a cavallo fra la provincia di Matera e quella di Bari, principalmente lungo l'asse Matera-Altamura-Santeramo in Colle, si è infatti diffusa negli ultimi vent'anni una fiorente imprenditoria legata alla fabbricazione dei salotti. Questo distretto si articola oggi in oltre un centinaio di aziende di dimensioni per lo più medio-piccole, posizionate sia sui segmenti medio-alti che su quelli medio-bassi del mercato dei mobili in pelle. A Santeramo (Bari) ha sede la Natuzzi, azienda leader a livello mondiale nella produzione di divani in pelle e capace di trascinare l'intera industria locale. Ma il distretto si compone di molte altre realtà, a cominciare dalle due maggiori imprese dopo Natuzzi, cioè Calia e Nicoletti, alle quali si aggiungono aziende minori come Al.Pa e Tirelli (antesignane storiche del distretto), Ellelle, Musa Gruppo Industriale (fondata da un ex dipendente Natuzzi), Marinelli Salotti, Contempo, Piquattro, Italdesign e Italcomfort e Interline. La produzione complessiva del distretto è stimabile in circa 5.000 modelli offerti in una varietà notevole di colori e imbottiture, mentre il valore totale della produzione a prezzi di fabbrica è, dal 1992, superiore a quello realizzato in altre aree tradizionalmente vocate nell'industria del mobilio come la Brianza. Infine, si stima che la produzione di imbottiti in pelle della zona pugliese raggiunga all'incirca il 60% di quella nazionale. Tutto ciò è valso a quest'area il nome di «polo meridionale del salotto».

Sebbene la fase di maggiore espansione del distretto si collochi intorno ai primi anni '80, le origini storiche dell'industria dei salotti nella Murgia risalgono agli anni della ricostruzione industriale, come indicato da Molinari in uno studio dedicato all'argomento. La consolidata tradizione di falegnameria e le diffuse competenze legate all'industria dell'abbigliamento (le abilità manuali delle donne, prima impiegate nel settore della maglieria, vennero successivamente valorizzate nella fase di cucitura degli imbottiti) favorirono la nascita, già negli anni '50 e '60, dei primi salottifici; precursori in questo campo d'attività furono due piccole aziende di Altamura (Al.Pa e Ti.Esse), dedite principalmente al mercato locale.

Ma il decollo vero e proprio di questo distretto è legato al nome di Pasquale Natuzzi. Sul finire degli anni '60, dopo una breve esperienza lavorativa come mobiliere prima in una fabbrica di Taranto e poi alla Chateau d'Ax di Lentate sul Seveso in provincia di Milano, il giovane Natuzzi fonda il suo primo stabilimento di divani alla periferia di Matera in località Serritello La Valle. Gli inizi, tuttavia, sono tutt'altro che facili. Nel 1973 questo primo insediamento produttivo viene distrutto da un incendio e Natuzzi, deciso fermamente a ricominciare da capo, si trasferisce a Santeramo in Colle, un piccolo paese in provincia di Bari distante pochi chilometri dal confine con la Basilicata. A questo punto però, due suoi operai (Vincenzo Calia e Giuseppe Nicoletti) decidono di non seguirlo, preferendo creare ciascuno una propria ditta. A questi primi casi di «gemmazione» se ne aggiunsero ben presto altri, con la nascita di nuove imprese guidate da tecnici esperti nelle varie fasi del processo produttivo. Quest'ultimo è articolato in più operazioni: dopo una fase iniziale di preparazione dei fusti, si passa alla modellazione del poliuretano, quindi al taglio delle pelli e/o dei tessuti, alla relativa cucitura, all'assemblaggio e quindi alla fase finale di controllo della produzione.

Man mano che le piccole imprese aumentavano di numero e la Natuzzi si ingrandiva, il triangolo Altamura-Matera-Santeramo prendeva sempre più la forma di un vero e proprio distretto industriale marshalliano caratterizzato da fenomeni di decentramento produttivo e per di più da interessanti relazioni di complementarità con altri sistemi produttivi locali. A tale riguardo, va ricordato che i distretti industriali del Nord principali fornitori delle aziende del posto sono due: quello di Arzignano, in provincia di Vicenza, dal quale provengono le pelli utilizzate per i rivestimenti dei divani e quello di Prato dove vengono invece acquistati i tessuti. Allo stesso modo, in aggiunta al legname importato dalla Russia e dalla Scandinavia ed utilizzato per l'intelaiatura dei divani, viene acquistato in Brianza un materiale sostitutivo del legno ma altrettanto resistente.

Ma torniamo ai vari Natuzzi, Calia e Nicoletti, che con le loro singole vicende ci aiutano a ripercorrere meglio le tappe della crescita travolgente vissuta dall'intero distretto a partire dagli anni '80. L'autorevole rivista americana «Forbes», in un ritratto dedicato a Pasquale Natuzzi, racconta come l'imprenditore italiano si sia reso conto delle enormi potenzialità del mercato statunitense a seguito di un viaggio compiuto nel 1982 allo scopo di concludere con Macy's (una grande catena di centri commerciali) la vendita di 100 divani di sua produzione. La storia è molto semplice: Macy's acquistò i 100 divani a 445 dollari l'uno per poi rivenderli al pubblico a un prezzo di ben 999 dollari. Di lì a poco, Natuzzi sarebbe entrato direttamente sul mercato Usa imprimendo un'accelerazione notevole alla crescita della sua azienda. Oggi si stima che la Natuzzi detenga una quota del mercato Usa dei salotti in pelle di circa il 25% e che ricavi da quest'area più del 40% del valore totale delle proprie vendite. La società è inoltre quotata al Nasdaq di Wall Street dal 1993 e, pur mantenendo la produzione interamente in Italia, ha fissato un centro direttivo ad High Point (Carolina del Nord), dove si tiene la più grande fiera americana del mobile.

Mentre la crescita sul mercato americano procedeva a grandi passi, la Natuzzi consolidava anche la posizione di leadership assunta all'interno del distretto pugliese, intraprendendo un processo di integrazione verticale che l'avrebbe portata a controllare interamente i costi e la qualità delle materie prime (attraverso proprie società, la Natuzzi produce ora tutta la pelle e il poliuretano di cui ha bisogno). Attualmente la Natuzzi è presente in Italia con una struttura di questo tipo: a Santeramo, sede centrale del gruppo, è gestita tutta la logistica, mentre ad Altamura sono localizzati tre impianti per l'assemblaggio dei salotti della controllata Softaly e la Natex impegnata nella modellazione del poliuretano. Gli impianti più recenti, realizzati anch'essi nella Murgia, si trovano ad Altamura, Matera e Acquaviva delle Fonti (in provincia di Bari). Al primo di questi stabilimenti è affidata la produzione di divani in pelle, al secondo quella di divani in tessuto e alcantara, mentre al terzo spetta la funzione di integrare la produzione dei salotti con legno a vista realizzati dalla Spagnesi di Pistoia rilevata nel 1994. Il mercato italiano è presidiato efficacemente grazie alla catena di negozi in franchising Divani&Divani, costituita attualmente da 68 punti vendita; la stessa formula sarà probabilmente utilizzata come strumento di penetrazione di mercati, come Spagna e Grecia, dove sono assenti le grandi catene distributive organizzate.

La solidità delle Industrie Natuzzi emerge chiaramente dalla lettura del bilancio: il fatturato consolidato è passato dagli 838 miliardi di lire del 1995 agli 853 miliardi dell'anno dopo, mentre il risultato netto d'esercizio è cresciuto dai 96 miliardi di lire del 1995 ai 117 circa del 1996 evidenziando una redditività di gruppo davvero notevole. Altrettanto significativa è la crescita occupazionale: i 1.349 addetti del 1990 sono diventati 1.700 due anni dopo, per poi passare a quota 2.369 unità nel 1994 e crescere ulteriormente a 3.051 nel 1996 e a 3.485 al 31 ottobre 1997.

Strettamente connessi alla valorizzazione delle risorse umane ci sono due aspetti che meritano di essere sottolineati: l'attenzione dedicata da Natuzzi alla formazione professionale e l'operazione di *stock-option* (cioè la distribuzione di azioni della società ai dipendenti) avviata dalla società nel maggio del '94. L'azienda ha inaugurato nel 1997 un proprio centro di formazione ricavandolo all'interno di un vecchio impianto dismesso: nei primi otto mesi di attività di questa scuola ben duecento giovani sono stati formati e circa l'80% di questi è stato successivamente assunto in azienda. Per quanto riguarda le *stock-options*, invece, va detto che l'obiettivo principale di questo strumento è quello di motivare i dipendenti a lavorare come se l'azienda fosse anche loro; proprio per questo motivo, tale meccanismo è in genere legato al raggiungimento di determinati traguardi aziendali. Finora la Natuzzi ha esteso queste opzioni a oltre 300 suoi dipendenti.

Per quanto riguarda le altre maggiori aziende del distretto

si segnala che anche Nicoletti, oggi fra i primi dieci esportatori europei di mobili imbottiti, ha seguito la strada della verticalizzazione: negli anni '80 ha creato due società, Polidac e Poliproget, rispettivamente per la modellazione del poliuretano espanso e per la produzione di altri tipi di imbottiture. Ora, l'intera attività produttiva del gruppo Nicoletti si concentra in sei stabilimenti situati nella zona industriale di Matera e integrati fra di loro; la produzione, rappresentata per l'80% da salotti in pelle e per il 20% da articoli rivestiti in tessuto e alcantara, è destinata alla fascia medio-alta del mercato. Oltre l'80% dei prodotti Nicoletti sono venduti all'estero (Europa, Medio Oriente, Stati Uniti, Canada, Estremo Oriente, Australia), dove l'azienda è presente con proprie società commerciali; la distribuzione sul mercato italiano è invece affidata a una rete di agenti diretti. Infine, la dinamicità dell'azienda è attestata dalla crescita del fatturato e del numero dei dipendenti. Nel 1992 i ricavi delle vendite ammontavano a circa 33 miliardi di lire, divenuti 85 nel '95 e circa 100 nel 1996; per il 1997 l'azienda ha stimato un fatturato di circa 140 miliardi di lire e prevede di toccare addirittura i 300 miliardi entro il 2000. I dipendenti sono attualmente circa 450.

Anche la Calia Salotti spa è cresciuta molto, posizionando i suoi prodotti sul segmento medio-alto del mercato e facendo della qualità il suo fattore distintivo: l'azienda, che controlla tutte le fasi della produzione dei divani, è passata dai 14 miliardi di fatturato del 1992 ai 33 miliardi del 1996. Nel periodo considerato, i dipendenti sono cresciuti da 105 a 144 unità.

Altre persone uscite a suo tempo dal gruppo Natuzzi e oggi divenute affermati imprenditori sono i fondatori della Italdesign e della Italcomfort. La Italdesign è un piccolo gruppo integrato verticalmente sugli esempi di Natuzzi e Nicoletti: questa società controlla, in provincia di Bari, un impianto chimico per la produzione di poliuretano espanso e ha attivato delle *joint ventures* con aziende (anche estere) operanti nella lavorazione delle pelli. Inoltre, all'interno dello stabilimento di Bitonto, vengono direttamente seguite le fasi di modellazione delle imbottiture, di sagomatura dei fusti, di taglio e cucito dei rivestimenti e di assemblaggio finale. L'azienda ha chiuso il 1995 con un fatturato di 44 miliardi di lire (+18% rispetto all'anno prima) occupando 146 addetti (24 in più di quelli impiegati nel '94). Infine, benché più piccola (il valore totale della produzione si è mantenuto negli ultimi anni fra i 15 e i 20 miliardi di lire) anche la Italcomfort rappresenta un altro interessante caso di nascita di nuova imprenditoria da un'azienda preesistente.

Ma molte altre aziende, come si è già detto all'inizio, sono presenti in questo distretto industriale. A tale proposito basterà dire, a dimostrazione dell'ottimo stato di salute di quest'area produttiva, che negli ultimi sei anni le imprese del distretto si sono quasi raddoppiate di numero, passando dalle 66 del 1991 alle 125 del 1997. Di conseguenza, anche il numero degli addetti dell'industria del mobilio, già stimato dal censimento Istat del 1991 in circa 9.800 persone per quanto riguarda le due province di Bari e Matera, è certamente cresciuto in modo considerevole.

Quando stile e creatività non sono solo abbigliamento: il caso della Alessi

La creatività e il design sono le armi vincenti non solo del made in Italy dell'abbigliamento, ma anche di molte aziende del sistema arredo-casa che hanno puntato sull'uso innovativo dei materiali, delle forme e dei colori elevando la qualità dei loro prodotti a tal punto che in molti casi essi sono diventati autentici oggetti d'arte. Stilisti e architetti affermati sono scesi in campo per disegnare raffinatissimi casalinghi, lampade, oggetti per la casa. Il valore aggiunto di questi prodotti tradizionali è in tal modo aumentato enormemente e le aziende italiane hanno consolidato le loro posizioni sui più ricchi mercati esteri.

Il caso della Alessi, affermata azienda di Crusinallo di Omegna, in provincia di Verbania, è ormai da manuale. Impresa giunta alla terza generazione, la Alessi si è sviluppata in un distretto storico del casalingo, quello cusiano delle pentole e delle caffettiere. La società fu fondata nel 1921 a Bagnella nei pressi di Omegna da Giovanni Alessi Anghini, che avviò una officina di torneria in lastra con fonderia che lavorava inizialmente alpacca e ottone. I primi prodotti dell'azienda furono caffettiere, vassoi e accessori per il servizio da tavola. Dopo il trasferimento della fabbrica a Crusinallo, avvenuto nel 1928, la Alessi aprì nel 1930 un reparto per lo stampaggio che affiancò e progressivamente sostituì quello della tornitura. Poi, nel 1938 iniziò la lavorazione sperimentale dell'acciaio inossidabile, che, dopo la seconda guerra mondiale, prese il posto delle tradizionali materie prime (ottone argentato e ottone cromato). La seconda generazione, guidata da Carlo Alessi con il fratello Ettore a capo dell'Ufficio Tecnico, guidò l'azienda a un ulteriore sviluppo con un'accentuazione del ruolo del design e il lancio di nuovi prodotti per la casa (cestini, portafrutta) e per le forniture alberghiere.

Con gli anni '70, '80 e '90 entrano poi in scena numerosi progettisti e designer di grande fama come Ettore Sottsass, Richard Sapper, Achille Castiglioni, Alessandro Mendini, Aldo Rossi, Michael Graves, Philippe Starck: l'Alessi diversifica ulteriormente la propria produzione e intraprende coraggiosamente la strada di un design raffinato ed innovativo che la impongono all'attenzione mondiale. A Carlo ed Ettore Alessi si affiancano progressivamente alla guida dell'azienda i figli di Carlo – Alberto, Michele e Alessio – e il nipote Stefano. La Alessi lancia nuove linee di prodotti per la cucina e di oggetti per la casa che in poco tempo sono divenuti quasi oggetti di culto: non vi è film ambientato nei quartieri alti di Los Angeles o New York o rivista di architettura o di arredamento in cui i prodotti della

Alessi, veri e propri pezzi d'arte moderna, non compaiano in bella mostra nelle cucine o nei salotti. Basti pensare al famoso «bollitore» disegnato da Michael Graves lanciato nel 1985 o al cavatappi *Anna G.* disegnato da Alessandro Mendini del 1994. Per non parlare dei numerosi pezzi esposti in tutto il mondo, dal Metropolitan Museum of Modern Art di New York al Victoria and Albert Museum di Londra, e ai numerosi premi ricevuti, come ad esempio l'XI Compasso d'oro 1970-79 vinto dalla caffettiera disegnata da Richard Sapper e, tra i tanti altri, l'ultimissimo Compasso d'oro del 1998 assegnato alla caffettiera elettrica Coban ancora disegnata da Sapper.

Il desiderio di avere in casa qualche prodotto dell'Alessi ha contagiato i consumatori di tutto il mondo. Per rendersene conto basta recarsi in estate a Crusinallo presso la sede dell'azienda, anch'essa caratterizzata da un design avveniristico, quello di Mendini: battaglioni di turisti tedeschi e svizzeri in vacanza sulle rive del Lago Maggiore e del Lago d'Orta o semplicemente di passaggio prendono d'assalto lo spaccio della fabbrica alla ricerca di ambite caffettiere, posate, bilance, orologi, servizi da caffè e da tè, dalle forme a volte bizzarre ma affascinanti. Basti pensare che recentemente in un solo anno lo spaccio aziendale ha raccolto ordinativi per circa 7 miliardi di lire. Il design di ogni prodotto, dalla zuccheriera al segnalibro in acciaio, è curato sin nei minimi particolari. Sono stati anche stretti accordi con società come Philips e Thomson per sviluppare produzioni di alta gamma nel settore dei piccoli elettrodomestici, con design raffinati e l'uso di materie plastiche dalle morbide tinte pastello. È stata inoltre lanciata una nuova linea di articoli in legno («Twergi») che si ispira anche nel nome alle tradizioni walser della vicina Valle Strona.

L'Alessi opera in molti casi come un'azienda «virtuale» grazie a un parco di fornitori estremamente affidabili e flessibili. Ha anche introdotto sensibili cambiamenti nella sua politica delle vendite. È stata infatti rivoluzionata la struttura del settore commerciale: in luogo degli esclusivisti nei vari paesi sono state varate piccole società controllate direttamente dalla casa madre con il compito di raccogliere gli ordini dei 6.000 punti vendita in Europa. Ciò ha consentito di ridurre i prezzi di vendita al pubblico nei mercati europei di circa il 30%.

I risultati economici della Alessi hanno fatto registrare una formidabile accelerazione negli anni '90. Il fatturato è praticamente triplicato in sei anni, passando dai 64 miliardi di lire del 1992 ai 155 miliardi stimati per il 1997, mentre la previsione per il 1998 è di circa 175 miliardi. L'azienda di Crusinallo, che occupa 400 persone, esporta il 65% della propria produzione e da sola contribuisce grosso modo per 1/4 all'export della neonata provincia del Verbano-Cusio-Ossola. Germania e Svizzera rappresentano i principali mercati internazionali della società, che nel 1996 ha presentato una bilancia commerciale attiva con l'estero per oltre 45 miliardi di lire.

Conclusioni

Il modello del made in Italy e dei distretti industriali che ne costituiscono il perno è stato essenzialmente un modello spontaneo, sviluppatosi, come sostenuto da G. Becattini, al di fuori dei grandi schemi di politica industriale e del dirigismo che sono stati prevalenti soprattutto negli anni '60 e '70. Proprio questa caratteristica di spontaneità ha sin qui paradossalmente preservato il made in Italy da «contaminazioni» e lo ha rafforzato, essendosi esso misurato sostanzialmente con il mercato mondiale senza il sostegno di politiche di tipo assistenzialistico. Inoltre, molti distretti industriali sono nati e cresciuti in aree svantaggiate, che hanno trovato principalmente al loro interno la forza propulsiva per espandersi, intessendo solide reti di rapporti socioeconomici locali e valorizzando storiche tradizioni artigianali e forti identità culturali e civili.

Tuttavia, proprio perché le dimensioni raggiunte dal sistema del made in Italy e dei distretti sono ormai ragguardevoli, sarebbe miope pensare che esso possa continuare a crescere in una sorta di «isolamento» dal resto del paese. Il made in Italy, in sostanza, non chiede sostegni o aiuti, come è stato il caso in passato per molti altri settori industriali, ma semplicemente che sia dato maggior spazio al principio della «sussidiarietà» e che non siano ignorate elementari esigenze come quelle di poter fare riferimento a un sistema di infrastrutture e di servizi al passo con i tempi, dalla formazione scolastica all'energia, dai trasporti al sistema finanziario.

In definitiva, il fatto che il made in Italy abbia dato prova sin qui di poter correre confidando essenzialmente solo sulle proprie gambe non rappresenta per il sistema politico, per le amministrazioni, per il sistema bancario e finanziario una sufficiente giustificazione per ignorare i fondamentali bisogni che stanno emergendo dal mondo delle piccole e medie imprese e dei distretti industriali alle prese con le nuove sfide e complessità legate alla globalizzazione dei mercati. La politica economica e industriale dell'Italia deve accompagnare lo sforzo di crescita del made in Italy verso nuovi e più ambiziosi traguardi.

Appendice

TAB. 1. *Commercio estero dei gruppi merceologici di prodotti a più elevata specializzazione dell'Italia: 1996 e 1997 (valori in miliardi di lire)*

Gruppi merceologici Istat	Esportazioni		Importazioni		Saldo		Saldo normalizzato	
	1996	1997	1996	1997	1996	1997	1996	1997
10 Altre frutta fresche	2.624	2.846	592	740	2.032	2.106	0,63	0,59
58 Riso semigreggio e lavorato	683	624	37	46	647	579	0,90	0,86
61 Paste di frumento	1.555	1.648	36	37	1.519	1.611	0,95	0,96
62 Prodotti della panetteria	1.162	1.206	390	416	772	790	0,50	0,49
65 Prodotti dolciari	1.234	1.079	660	1.079	574	0	0,30	0,00
68 Carni preparate	963	1.005	237	249	726	755	0,61	0,60
71 Conserva di pomodoro e pelati	1.164	1.200	107	111	1.058	1.089	0,83	0,83
72 Conserve e succhi di frutta	1.285	1.187	503	547	783	640	0,44	0,37
88 Vini	3.358	3.626	235	281	3.124	3.345	0,87	0,86
Totale alimentazione mediterranea	14.028	14.420	2.795	3.505	11.233	10.915	0,67	0,61
95 Pelli conciate senza pelo	5.224	5.374	2.838	3.077	2.385	2.297	0,30	0,27
97 Lavori in pelle o cuoio	3.041	2.710	578	611	2.463	2.099	0,68	0,63
109 Filati di lana	922	1.063	330	385	592	678	0,47	0,47
113 Tessuti di lino	296	357	44	64	252	293	0,74	0,69
114 Tessuti di cotone	2.622	2.891	1.343	1.419	1.279	1.472	0,32	0,34
115 Tessuti di lana	3.551	3.777	193	220	3.358	3.556	0,90	0,89
116 Tessuti di seta	614	633	171	175	444	457	0,57	0,57
117 Tessuti di fibre artificiali e sint.	3.919	4.128	1.234	1.473	2.685	2.655	0,52	0,47
118 Maglie e calze di cotone	3.167	3.041	1.472	1.796	1.695	1.244	0,37	0,26
119 Maglie e calze di lana	2.630	2.702	376	460	2.254	2.243	0,75	0,71
120 Maglie e calze di seta	819	799	61	79	757	720	0,86	0,82
121 Maglie e calze di fibre artif. e sint.	4.590	5.030	828	1.237	3.762	3.793	0,69	0,61
122 Tessuti speciali	1.355	1.445	411	478	944	967	0,53	0,50
130 Oggetti cuciti di cotone e lino	7.643	7.561	2.561	2.828	5.082	4.732	0,50	0,46
131 Oggetti cuciti di lana	2.158	2.227	700	698	1.459	1.530	0,51	0,52
132 Oggetti cuciti di seta	1.126	1.128	140	146	986	982	0,78	0,77
133 Oggetti cuciti di fibre artif. e sint.	2.989	3.324	1.519	1.901	1.470	1.423	0,33	0,27
136 Calzature di pelle	10.189	10.196	1.090	1.393	9.099	8.804	0,81	0,76
137 Calzature non di pelle	2.390	2.456	717	1.058	1.674	1.399	0,54	0,40
167 Argento, oro e platino	7.717	8.293	7.137	8.194	580	99	0,04	0,00
Totale moda	66.963	69.135	23.742	27.693	43.221	41.442	0,48	0,43
144 Mobili di legno	9.794	10.479	445	488	9.349	9.991	0,91	0,91
199 Marmo e alabastro lavorati	1.533	1.656	43	44	1.490	1.612	0,95	0,95

Gruppi merceologici Istat	Esportazioni		Importazioni		Saldo		Saldo normalizzato	
	1996	1997	1996	1997	1996	1997	1996	1997
200 Lavori di altre pietre	2.593	2.704	1.380	1.577	1.214	1.127	0,31	0,26
202 Ceramiche e terrecotte	6.160	6.478	487	496	5.673	5.982	0,85	0,86
203 Porcellane, maioliche	1.338	1.344	562	603	775	741	0,41	0,38
Totale arredo casa	21.418	22.661	2.917	3.208	18.501	19.453	0,76	0,75
169 Macchine utensili per la lavor. metalli	3.496	3.644	1.676	1.600	1.819	2.044	0,35	0,39
170 Altre macchine utensili	3.546	3.737	936	993	2.610	2.744	0,58	0,58
172 Macchine ed apparecchi agricoli	2.187	2.117	357	363	1.830	1.754	0,72	0,71
173 Macchine per la lavoraz. dei minerali	2.439	2.512	912	990	1.526	1.522	0,46	0,43
174 Macchine tessili e per il vestiario	3.865	4.122	1.107	1.157	2.758	2.965	0,55	0,56
175 Macch. per la lavoraz. carta e cartoni	688	788	247	202	441	586	0,47	0,59
177 Macchine per l'industria alimentare	790	905	72	104	718	801	0,83	0,79
179 Altre macch. e appar. non elettr.	30.644	31.915	7.331	7.775	23.313	24.140	0,61	0,61
180 Parti del gruppo merceol. 179	15.871	16.417	5.825	6.238	10.047	10.179	0,46	0,45
183 Altri appar. per l'applicaz. elettr.	12.731	13.579	7.293	8.087	5.438	5.493	0,27	0,25
187 Velocipedi e loro parti	1.102	1.025	299	342	803	683	0,57	0,50
188 Motocicli e loro parti	2.138	2.423	929	1.128	1.209	1.295	0,39	0,36
194 Natanti e loro parti	2.830	3.051	656	849	2.175	2.202	0,62	0,56
197 Bulloni, viti, minuterie metalliche	1.454	1.463	526	574	928	889	0,47	0,44
198 Altri prod. delle industr. metalm.	18.783	20.095	4.370	4.936	14.413	15.159	0,62	0,61
Totale meccanica tradizionale	102.564	107.793	32.535	35.337	70.029	72.455	0,52	0,51
231 Altri lavori di gomma elastica	3.558	3.941	1.343	1.464	2.216	2.477	0,45	0,46
235 Altri prod. industr. manif. varie	13.632	14.534	8.635	9.339	4.996	5.194	0,22	0,22
Totale prodotti specializzati	222.163	232.483	71.967	80.546	150.196	151.937	0,51	0,49
Totale altri prodotti	164.783	173.249	247.429	273.910	–82.646	–100.661	–0,20	–0,23
di cui: energia, materie prime	27.457	29.621	87.757	95.040	–60.300	–65.419	–0,52	–0,52
prodotti manifatturieri	137.326	143.628	159.672	178.870	–22.346	–35.242	–0,08	–0,11
Totale bilancia commerciale	386.946	405.732	319.396	354.456	67.550	51.276	0,10	0,07

Nota: Sono stati considerati come prodotti a forte specializzazione i gruppi merceologici dei sistemi agro-alimentare, moda, arredo casa e meccanica tradizionale che nel 1995 (preso come anno di riferimento) hanno presentato esportazioni almeno superiori a 400 miliardi di lire e un saldo normalizzato superiore a 0,33 (cioè esportazioni almeno pari a 2 volte le importazioni). Sono stati inoltre considerati i gruppi merceologici con esportazioni nel 1995 superiori a 1.000 miliardi di lire ed aventi un saldo normalizzato superiore a 0,20 (cioè con esportazioni almeno pari a 1,5 volte le importazioni). Il gruppo merceologico 167 è stato incluso pur non possedendo questi requisiti in quanto le sue importazioni sono costituite essenzialmente da materie prime (principalmente oro grezzo), mentre l'export consiste di prodotti lavorati di oreficeria-gioielleria. Sono stati altresì considerati i gruppi n. 231 («altri lavori di gomma») e n. 235 («altri prodotti delle industrie manifatturiere varie»). Quest'ultimo comprende: occhiali e montature, lampadari e illuminotecnica, prodotti in materie plastiche. Il saldo normalizzato di ciascun settore è = (export – import)/(export + import).

Fonte: Elaborazione Ufficio Studi Montedison su dati Istat.

TAB. 2. *I principali settori portanti del made in Italy in cifre: anno 1996 (valori in miliardi di lire)*

Settori e prodotti	Produzione	Export	Export/fatturato	Addetti
Sistema moda-tempo libero				
Tessili, maglie e calze	56.542	29.490	52%	428.500
Abbigliamento	22.996	14.322	62%	320.300
Pelli-calzature	39.793	22.091	56%	278.100
Oreficeria-gioielleria[a]	12.333	6.868	56%	47.550
Occhialeria[a]	2.820	2.090	74%	12.800
Subtotale	134.484	74.861	56%	1.087.250
Sistema arredo-casa				
Legno-arredamento[b]	61.008	17.836	29%	396.400
Piastrelle ceramiche	8.100	5.500	68%	31.500
Materiali lapidei	6.000	3.599	60%	64.000
Rubinetteria-valvolame[c]	4.143	2.343	57%	10.700
Apparecchi e componenti per impianti termici	3.303	1.376	42%	12.250
Apparecchiature e impianti aeraulici	2.600	780	30%	8.300
Serrature e ferramenta	448	244	54%	2.700
Pentolame e posateria	1.680	600	36%	6.500
Elettrodomestici[d]	13.071	10.550	81%	38.867
Subtotale	87.282	32.278	37%	532.350
Apparecchi e meccanica strumentale				
Pompe	2.100	1.050	50%	7.450
Macchine utensili per la lavorazione dei metalli	5.810	3.396	58%	n.d.
Macchine per l'industria del marmo	974	619	64%	2.344
Macchine ed impianti per l'industria alimentare	5.126	3.308	65%	19.900
Macchine per l'industria tessile	6.918	4.405	64%	26.000
Macchine per calzature e pelletteria	1.570	970	62%	7.200
Macchine per confezionamento e imballaggio	4.200	3.595	86%	16.000
Macchine per materie plastiche e gomma	5.550	3.794	68%	12.500
Macchine per la lavorazione del vetro	1.100	750	68%	4.000
Macchine per le ceramiche	3.111	2.247	72%	8.000
Macchine grafiche, cartarie, cartotecniche	2.370	1.884	79%	7.400
Macchine per il legno	2.701	2.187	81%	11.000
Subtotale	41.530	28.205	68%	121.794
Totale settori considerati	263.296	135.344	51%	1.741.394

Note: [a] I dati relativi all'occupazione si riferiscono al Censimento 1991. [b] Include lampade e illuminotecnica. [c] Include solo le produzioni in ottone e bronzo per il settore civile. [d] I dati sull'occupazione sono riferiti al 1995 e riguardano solo le imprese associate all'Anie.

Fonte: Elaborazione dell'autore su dati Prometeia, Confindustria e delle associazioni di categoria.

TAB. 3. *Prodotti del made in Italy in cui l'Italia presenta il miglior saldo commerciale mondiale o posizioni di co-leadership: anno 1996 (valori in milioni di dollari)*

Prodotti	Saldo commerciale dell'Italia	Principali concorrenti dell'Italia (saldi commerciali tra parentesi)
Filati di lana	**383**	Cina (100); Taiwan (70); Svizzera (35)
Tessuti di lana	**2.179**	Germania (224); Regno Unito (163)
Tessuti di seta	**325**	Cina (291); Corea del Sud (124)
Calze	**1.153**	Corea del Sud (315); Usa (207)
Maglioni e pullover	**2.596**	Cina (2.441); Portogallo (484)
Occhiali	**1.045**	Taiwan (282); Cina (237)
Oreficeria-gioielleria	**4.486**	Cina (744); Svizzera (217)
Cravatte e scialli	**904**	Corea del Sud (153); Cina (139)
Pelli conciate	**1.547**	Corea del Sud (1.108); Argentina (809)
Articoli in pelle	1.749	Cina (4.679); Corea del Sud (596)
Calzature	**6.975**	Cina (6.750); Spagna (1.580)
Vestiti maschili	1.291	Cina (3.331); Portogallo (569)
Vestiti femminili	2.377	Cina (3.461); Corea del Sud (247)
Pietre ornamentali	**1.702**	Cina (515); Spagna (250)
Piastrelle ceramiche	**3.327**	Spagna (1.427)
Sedie e divani	**3.126**	Cina (421); Taiwan (299); Canada (258)
Mobili e cucine	**5.023**	Danimarca (1.350); Taiwan (1.112)
Pentolame e posateria	585	Cina (823); Corea del Sud (359)
Lampade e illuminotecnica	**1.168**	Cina (1.081); Taiwan (613)
Rubinetteria-valvolame	**2.378**	Germania (1.815); Giappone (1.345)
Macchine per imballaggio	2.372	Germania (2.862); Svizzera (298)
Macchine per il legno	1.206	Germania (1.273); Taiwan (527)
Macchine tessili	1.913	Germania (4.943); Giappone (3.282)
Macchine per le plastiche	1.904	Germania (3.198); Giappone (2.805)
Macchine pelli-calzature	**402**	Taiwan (196); Corea del Sud (90)
Macchine per marmi	**682**	Giappone (297); Svizzera (84)
Macchine alimentari	**1.322**	Germania (1.347); Danimarca (515)
Lucchetti, ferramenta	**1.054**	Taiwan (526); Cina (491)
Stufe, fornelli	**506**	Cina (107); Giappone (103)
Radiatori, boilers	**614**	Germania (291); Usa (246)
Frigoriferi e congelatori	**2.431**	Usa (1.465); Danimarca (551)
Lavatrici	**1.701**	Germania (327); Corea del Sud (258)
Pompe per liquidi	715	Germania (2.957); Giappone (1.739)
Pompe per aria, ventilatori	1.307	Giappone (2.514); Germania (1.242)
Paste alimentari	**1.198**	Cina (159); Belgio (96)
Vini	2.052	Francia (4.330); Spagna (1.033)
Totale	**65.315**	

Nota: In neretto sono indicate le produzioni in cui l'Italia detiene il miglior saldo commerciale a livello mondiale; in chiaro le produzioni in cui l'Italia presenta il 2° o il 3° miglior saldo commerciale.

Fonte: Elaborazione Ufficio Studi Montedison e Cranec-Università Cattolica di Milano su dati Tradstat.

TAB. 4. *Esportazioni di un campione di 100 principali province specializzate nei settori portanti del made in Italy: raffronto 1986-1996 (miliardi di lire)*

Settori Nace-Clio	Province	Specializzazioni particolari	1986	1996	Var. %
Tessile-abbigliamento	Como-Lecco	seta (tessuti, cravatte, foulard)	1.320	3.646	176,2
	Firenze-Prato	lana (tessuti cardati)	3.533	6.025	70,5
	Pistoia	lana	212	674	217,9
	Treviso	abbigliamento	920	2.621	184,9
	Biella-Vercelli	lana (tessuti pettinati)	807	2.380	194,9
	Cuneo	abbigliamento	237	640	170,0
	Novara-Verbania	tessile, abbigliamento	244	903	270,1
	Vicenza	abbigliamento, lana	703	2.265	222,2
	Padova	tessile, abbigliamento	277	731	163,9
	Verona	tessile, abbigliamento	354	774	118,6
	Varese	tessile cotoniero, nobilitazione, abbigliamento	779	1.935	148,4
	Bergamo	tessile cotoniero, nobilitazione	609	1.975	224,3
	Modena	tessile, maglieria, abbigliamento	887	1.365	53,9
	Reggio Emilia	abbigliamento	228	1.015	345,2
	Brescia	tessile, abbigliamento	469	1.315	180,4
	Mantova	calze femminili (collant)	287	1.210	321,6
Pelli-calzature	Firenze-Prato	calzature, pelletteria	1.220	2.554	109,3
	Pistoia	calzature	230	376	63,5
	Vicenza	conceria	618	1.983	220,9
	Ascoli Piceno	calzature	746	1.606	115,3
	Macerata	calzature	514	1.164	126,5
	Pisa	conceria	451	1.472	226,4
	Lucca	calzature, pelletteria	284	775	172,9
	Verona	calzature	689	1.407	104,2
	Treviso	calzature sportive (scarponi, pattini, ecc.)	564	1.141	102,3
	Padova	calzature	379	553	45,9
	Venezia	calzature	252	530	110,3
	Avellino	conceria	169	884	423,1
	Lecce	calzature	153	770	403,3
	Bari	calzature	233	581	149,4
Legno e mobilio	Milano	mobilio	501	1.147	128,9
	Como-Lecco	mobilio	201	698	247,3
	Udine	pannelli, sedie	450	1.452	222,7
	Pordenone	mobilio	232	941	305,6

Settori Nace-Clio	Province	Specializzazioni particolari	1986	1996	Var. %
	Treviso	mobilio	285	1.368	380,0
	Vicenza	mobilio	78	289	270,5
	Verona	mobilio	181	505	179,0
	Pesaro	cucine, mobilio	176	819	365,3
	Bari	divani in pelle	42	1.054	2.409,5
	Matera	divani in pelle	9	97	977,8
Prodotti non metallici (ceramiche, marmi, pietre ornamentali)	Modena	piastrelle ceramiche	881	3.200	263,2
	Reggio Emilia	piastrelle ceramiche	288	1.097	280,9
	Bologna	piastrelle ceramiche	122	392	221,3
	Massa Carrara	materiali lapidei	368	848	130,4
	Lucca	materiali lapidei	240	453	88,8
	La Spezia	materiali lapidei	30	102	240,0
	Verona	materiali lapidei	334	1.412	322,8
Prodotti in metallo (caldaie, bruciatori, pentole, posateria, minuteria metallica, ferramenta, ecc.)	Brescia	pentole, posateria, ferramenta	603	2.422	301,7
	Verbania-Novara	pentole, posateria	122	302	147,5
	Verona	caldaie, bruciatori	147	633	330,6
	Vicenza	caldaie, bruciatori	228	823	261,0
	Lecco-Como	caldaie, ferramenta, forbici, catene, stampati	529	1.501	183,7
Macchine agricole e industriali (macchine per imballaggio e confezionamento, per la lavorazione di pelli, fibre, legno, pietre, ceramiche, plastiche, metalli, macchine agricole, rubinetteria e valvolame, pompe, ecc.)	Reggio Emilia	pompe, macchine agricole, per imballaggio	744	2.577	246,4
	Parma	macchine per imballaggio e alimentari	336	1.423	323,5
	Modena	macchine utensili e per imballaggio	1.127	2.546	125,9
	Bologna	macchine per imballaggio	1.574	4.701	198,7
	Bergamo	macchine tessili, per legno e metalli	876	3.775	330,9
	Varese	macchine per plastiche e metalli	968	2.691	178,0
	Vicenza	macchine per metalli, legno, tessili, pelli	957	2.748	187,1
	Brescia	valvolame, macchine tessili e per metalli	1.003	3.215	220,5
	Padova	macchine tessili, per plastiche e metalli	520	2.219	326,7
	Pavia	macchine per calzature	532	864	62,4
	Firenze-Prato	macchine tessili	604	1.836	204,0
	Treviso	macchine per vetro, ceramiche, metalli	455	1.993	338,0
	Udine	macchine tessili, per metalli, legno	340	1.365	301,5
	Como-Lecco	macchine per metalli, tessili	446	1.714	284,3
	Verona	macchine per imballaggio, per metalli	338	1.344	297,6
	Rimini-Forlì	macchine per legno	247	926	274,9
	Pesaro e Urbino	macchine per legno	96	532	454,2
	Novara-Verbania	rubinetteria, valvolame	453	2.135	371,3

Settori Nace-Clio	Province	Specializzazioni particolari	1986	1996	Var. %
	Vercelli-Biella	macchine tessili	240	746	210,8
Materiale elettrico (elettrodomestici, materiale elettrico)	Ancona	elettrodomestici bianchi	298	1.740	483,9
	Pordenone	elettrodomestici bianchi	396	1.060	167,7
	Varese	elettrodomestici bianchi, materiale elettrico	245	951	288,2
	Bergamo	materiale elettrico	335	1.546	361,5
	Treviso	elettrodomestici	290	1.176	305,5
	Como-Lecco	elettrodomestici, materiale elettrico	232	993	328,0
	Vicenza	elettrodomestici bianchi	245	1.168	376,7
Meccanica di precisione	Belluno	montature e occhiali da sole	158	1.224	674,7
Prodotti dell'agricoltura, della pesca, della silvicoltura, delle industrie alimentari e delle bevande	Bolzano	mele, succhi di frutta, vini	352	1.022	190,3
	Trento	mele, succhi di frutta, vini	116	326	181,0
	Verona	vini, frutta, ortaggi, succhi di frutta, prodotti da forno	435	1.514	248,0
	Forlì-Rimini	frutta	270	613	127,0
	Ravenna	frutta, succhi di frutta	439	635	44,6
	Imperia	florovivaismo, olio d'oliva	213	561	163,4
	Firenze-Prato	vini, olio d'oliva	103	454	340,8
	Lucca	olio d'oliva	162	303	87,0
	Siena	vini	35	280	700,0
	Pistoia	florovivaismo	64	261	307,8
	Bari	frutta, ortaggi, olio d'oliva, pasta	458	914	99,6
	Cuneo	prodotti dolciari, prodotti da forno, vini	538	2.098	290,0
	Asti	vini	136	260	91,2
	Parma	pasta, prodotti da forno, insaccati, formaggi	344	979	184,6
	Napoli	conserve di pomodoro, pasta	403	816	102,5
	Salerno	conserve di pomodoro, pasta	416	1.052	152,9
Oreficeria, prodotti in gomma e materie plastiche, altri prodotti	Arezzo	oreficeria-gioielleria	1.034	2.515	143,2
	Vicenza	oreficeria-gioielleria	1.710	3.348	95,8
	Varese	prodotti in materie plastiche	415	1.141	174,9
	Alessandria	oreficeria-gioielleria, prodotti in materie plastiche	407	1.026	152,1
	Bergamo	prodotti in materie plastiche	213	901	323,0
Totale campione 100 province specializzate			46.733	137.052	193,3
Totale resto dell'economia			98.590	249.894	153,5
Totale export italiano			145.323	386.946	166,3
% campione 100 province specializzate				32,2%	35,4

Fonte: Elaborazione Ufficio Studi Montedison e Cranec-Università Cattolica di Milano su dati Istat.

Per saperne di più

Per un approfondimento dei temi del made in Italy è utile la consultazione di M. Fortis, *Crescita economica e specializzazioni produttive. Sistemi locali e imprese del made in Italy*, Milano, Vita e Pensiero, 1996. Questo lavoro segue sostanzialmente l'impostazione metodologica di analisi del made in Italy presentata in questo libro, fornendo una base statistica piuttosto dettagliata. Si veda anche M. Fortis, *L'apporto del «sistema moda-arredo-casa» alla bilancia commerciale italiana*, Bologna, Nomisma, 1985.

Per una lucida collocazione del fenomeno del made in Italy e dei sistemi locali nello sviluppo economico italiano è esemplare l'articolo di G. Becattini, *I sistemi locali nello sviluppo economico italiano e nella sua interpretazione*, in «Sviluppo Locale», vol. II-III, n. 2-3, 1995-96, nonché, dello stesso autore, il volumetto *Distretti industriali e made in Italy*, Torino, Bollati Boringhieri, 1998. Altrettanto interessante è l'analisi del ruolo dei distretti industriali e delle piccole e medie imprese nell'economia italiana svolta da S. Brusco e S. Paba nel capitolo, *Per una storia dei distretti industriali italiani dal secondo dopoguerra agli anni novanta* del volume curato da F. Barca, *Storia del capitalismo italiano dal dopoguerra a oggi*, Roma, Donzelli, 1997.

Sulle tematiche generali dei distretti industriali si consiglia la lettura del volume a cura di G. Becattini *Modelli locali di sviluppo*, Bologna, Il Mulino, 1989 (con contributi, tra gli altri, di A. Bagnasco, M. Bellandi, S. Brusco e G. Garofoli), dell'articolo di G. Fuà, *L'industrializzazione nel Nord Est e nel Centro*, in G. Fuà e C. Zacchia, *Industrializzazione senza fratture*, Bologna, Il Mulino, 1983, del volume a cura di F. Onida, G. Viesti e A.M. Falzoni, *I distretti industriali: crisi o evoluzione*, Milano, Egea, 1992, del volume a cura di M. Moussanet e L. Paolazzi, *Gioielli, bambole e coltelli. Viaggio de «Il Sole-24 Ore» nei distretti produttivi italiani*, Milano, Il Sole-24 Ore, 1992, dell'articolo di G. Becattini ed E. Rullani, *Sistema locale e mercato globale*, in «Economia e Politica Industriale», n. 80, dicembre 1993, nonché del volume a cura di F. Cossentino, F. Pyke e W. Sengenberger, *Le risposte locali e regionali alla pressione globale: il caso dell'Italia e dei suoi distretti industriali*, Bologna, Il Mulino, 1997. In quest'ultimo volume di particolare interesse sono una serie di articoli di vari autori sui distretti industriali dell'Emilia-Romagna, del Veneto e della Toscana e l'articolo di S. Brusco, *Sistemi globali e sistemi locali*.

Per quanto riguarda le tematiche relative all'innovazione nelle piccole e medie imprese e nei distretti del made in Italy è di particolare interesse il terzo Rapporto Cnel/Ceris-Cnr, *Innovazione, piccole imprese e distretti industriali*, Roma, Documenti Cnel, vol. 7, 1997.

Sui distretti industriali analizzati in questo volume utili approfondimenti possono essere effettuati attraverso la lettura di alcuni lavori, tra cui segnaliamo, per quanto riguarda l'area del Nord Ovest, il volume a cura di A. Quadrio Curzio, M. Fortis e M. Maggioni, *I distretti economici delle Prealpi e delle Alpi centrali: Laghi, Lecco, Brianza, Sondrio*, Sondrio, Credito Valtellinese, 1997 (si veda, in particolare, l'articolo di M. Fortis sul distretto novarese-valsesiano della rubinetteria-valvolame). Sul distretto della calzatura sportiva di Montebelluna sono di particolare interesse il volume a cura di A. Durante, *Montebelluna fa giocare il mondo*, Montebelluna, Fondazione Museo dello Scarpone e della Calzatura Sportiva, 1997 e il Rapporto Osem 1996, *Asolo e Montebelluna: centro mondiale della calzatura sportiva*, Montebelluna, Banca Popolare Asolo e Montebelluna, 1997. Per quanto riguarda invece il distretto bolognese delle macchine per confezionamento e imballaggio e il contesto regionale in cui esso si è sviluppato utili letture sono costituite dal volume a cura di P.P. Attorre e V. Zamagni, *Distretti, imprese, classe operaia. L'industrializzazione dell'Emilia-Romagna*, Milano, Angeli, 1992, e da alcuni studi pubblicati sul distretto da V. Capecchi, tra cui un articolo in collaborazione con A. Alaimo all'interno del volume sopra citato, e l'articolo *La ricerca di flessibilità: l'industria meccanica bolognese dal 1900 al 1992*, in «Sviluppo locale», n. 4, vol. IV, 1997. Sempre sul distretto bolognese del packaging si veda anche, *L'industria delle macchine automatiche per dosatura, confezionamento e imballaggio*, a cura di L. Biggiero e F. Forni, Bologna, Ervet, 1987. Per quanto riguarda il distretto dei divani di Bari e Matera segnaliamo l'articolo di G. Molinari, *Una localizzazione industriale anomala: l'impresa Natuzzi, i satelliti, i concorrenti*, nel volume, *Impresa forte, politica debole. Imprenditori di successo nel Mezzogiorno*, a cura di L. Baculo, Napoli, Esi, 1994.

Sulle esportazioni dei sistemi provinciali italiani si consiglia la lettura degli articoli di G. Conti, *I sistemi esportativi italiani: un'analisi per province 1985-1995*, in *Rapporto sul Commercio Estero 94*, Roma, Ice, 1995, e di G. Viesti, *Le esportazioni dei principali sistemi produttivi italiani: un'analisi introduttiva*, in *Rapporto sul Commercio Estero 96*, Roma, Ice, 1997.

farsi un'**idea**

Volumi pubblicati:

1. Lo stato e la politica, *di Paolo Pombeni*
2. I partiti italiani, *di Piero Ignazi*
3. Lo sviluppo sostenibile, *di Alessandro Lanza*
4. Le nuove famiglie, *di Anna Laura Zanatta*
5. Occupati e disoccupati in Italia, *di Emilio Reyneri*
6. Gli ebrei, *di Piero Stefani*
7. Le sette, *di Enzo Pace*
8. Le buone maniere, *di Valentina D'Urso*
9. Stereotipi e pregiudizi, *di Bruno M. Mazzara*
10. Il governo delle democrazie, *di Augusto Barbera e Carlo Fusaro*
11. L'economia italiana, *di L. Federico Signorini e Ignazio Visco*
12. Il rendimento scolastico, *di Giancarlo Gasperoni*
13. L'infanzia, *di Luigia Camaioni*
14. Comunicazione e persuasione, *di Nicoletta Cavazza*
15. Il debito pubblico, *di Ignazio Musu*
16. La scuola in Italia, *di Marcello Dei*
17. La televisione, *di Enrico Menduni*
18. La felicità, *di Paolo Legrenzi*
19. Il conformismo, *di Angelica Mucchi Faina*
20. Il mercato unico europeo, *di Roberto Santaniello*
21. Il giornale, *di Paolo Murialdi*
22. L'autostima, *di Maria Miceli*
23. L'euro, *di Lorenzo Bini Smaghi*
24. La Banca centrale europea, *di Francesco Papadia e Carlo Santini*
25. L'agricoltura in Italia, *di Roberto Fanfani*
26. I preti, *di Marcello Offi*
27. La burocrazia, *di Guido Melis*
28. Concorrenza e antitrust, *di Alberto Pera*
29. Il made in Italy, *di Marco Fortis*